伟人的青年时代
马克思

张新　主编
王静　刘娜娜　著

中国青年出版社

Karl Marx

卡尔·马克思

Karl Marx

1818年5月5日～1883年3月14日

　　他是顶天立地的伟人，也是有血有肉的常人。他出身于受人尊敬的律师家庭，却毅然放弃优越的生活环境，选择为无产阶级奋斗终身；他的青春同样迷惘，面临家庭期望和个人志趣的两难、爱情的考验、理想和现实的落差，但他走出了迷惘，从问题小子变身为超级学霸；他才华逆天、智商爆表，还勤奋刻苦，本"钱途"无量，但当通往权力与富贵的道路向他展开之时，他却选择生活在社会边缘，为一个更加美好的世界而奋斗；他一生穷困潦倒，但却斥巨资投入无产阶级事业——办报；他一生颠沛流离，成为"世界公民"，却始终目标如一，坚守17岁中学毕业就立下的"选择最能为人类而工作的职业"的初心；他是"百万富翁"，他留下的不是物质财富，而是精神财富；他有着双向奔赴的爱情与永不翻船的友谊；他虽是19世纪的人，但至今仍是思想界的"顶流"，我们都是他的受益者和继承人。

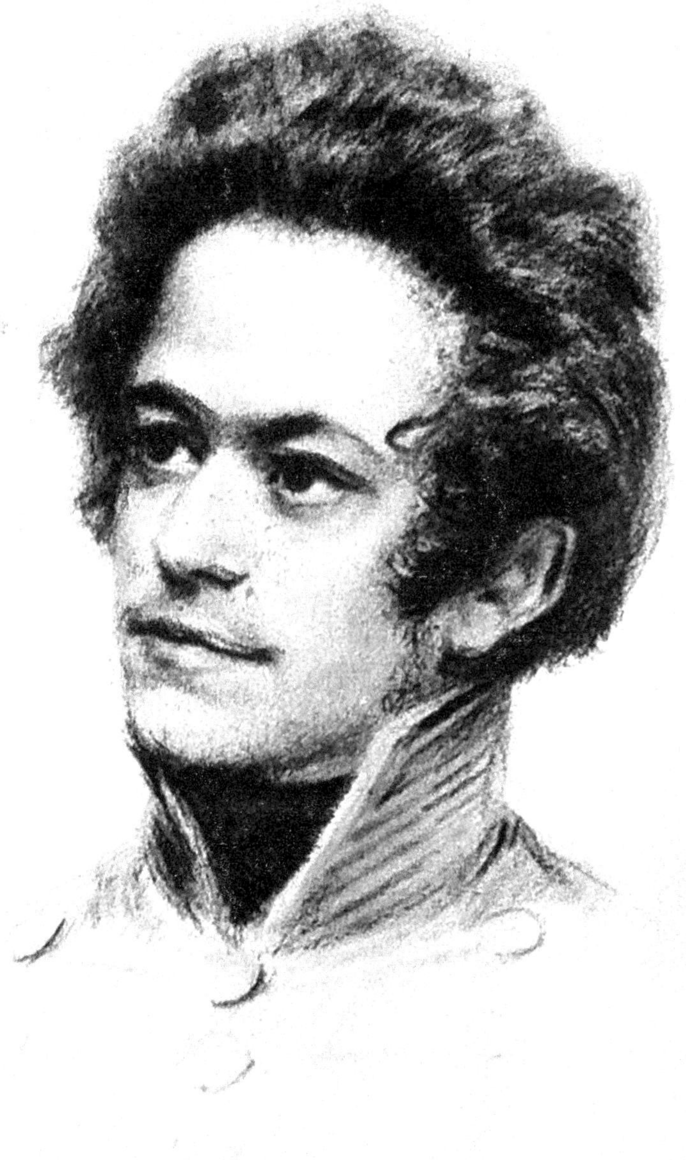

目录

序言　今天我们为什么还要读马克思？　001

第一章　特里尔之子的降生与成长　001
"革命的年代"的特里尔　003
马克思的"原生家庭"　007
人生路上的启蒙者　013
17岁马克思的"初心"　016

第二章　大学时代激扬的青春岁月　021
波恩大学"烟酒生"的日子　023
从青梅竹马到私订终身　027
柏林大学的学霸生活　033
缺席拿到的博士学位　039

第三章　媒体人的经历与思想难题　045
媒体人：人生的第一份工作　047
"火箭升迁"的主编　050

第一份工作的"困惑"　056

第四章　退回书斋与爱情长跑结束　061
结束爱情长跑终成眷属　063
没有被贫穷限制的爱情　067
退回书斋狂啃书籍　076

第五章　与青年黑格尔派挥手再见　085
奔向新世界的新首府　087
未出道先火、一出道夭折的《德法年鉴》　091
我们该追求什么样的"解放"？　097
在巴黎的友人们　102

第六章　时代青年聚首与一世携手　107
遇到马克思之前的恩格斯　109
一见不如故　111
再见成至交　113

第七章 新世界观起航与思想清算 121

流亡布鲁塞尔 123

《德意志意识形态》的沉浮 127

布鲁塞尔通讯委员会办起来 133

第八章 改变世界的《共产党宣言》与革命洪流 139

从正义者同盟到共产主义者同盟 141

永远的《共产党宣言》 146

再次流亡 153

《新莱茵报》吹响战斗的号角 158

革命炮火的洗礼 165

结语 永远年轻的马克思 167

序言

今天我们为什么还要读马克思？

世人都知道马克思创作《资本论》时最缺"资本"，穷困潦倒，因不得不当掉自己的大衣而不能出门，甚至孩子病了却没钱医治。有人如此形容马克思当时的生活："如果他不是在大英博物馆的阅览室，就一定是在当铺。"但就是这样不仅穷困，还很潦倒的马克思在去世时，却被人们称为"百万富翁"。1883年3月14日，马克思逝世之际，侨居美国的德国社会党人阿道夫·杜埃曾如此写道："当我们的已故朋友卡尔·马克思的遗嘱公布时，他的遗产竟像一位百万富翁一样多。"

这是怎么回事呢？难道马克思横财敲门，抑或马克思深藏不露，私设金库，早就实现了"财富自由"？

都不是！

世人口中的"百万遗产"不是物质财富，而是精神财富！马克思的遗产"与百万富翁的遗产大相径庭！后者留下来的是偷窃来的财富，而我们的朋友留下来的都是自己的创造：富翁积累财富，使世界更加贫困，而这个人甚至在他死后也使世界更加富饶。成为百万富翁并不需要什么惊人的特长，他们都是一丘之貉；而这一个人，除了他的某些成就之外，没有一个人能与他相比。能继承百万财富的人寥寥无几，而继承马克思的人却比比皆是"。

继承马克思的人在哪儿？某种意义上说我们都是。因为没有马克思的科学社会主义理论，我们今天的世界或许会是另一个样子，正如伯尔所讲的那样：

"一部进步史乃是一部忘恩负义史。后生者只是一味地捞取和享用好处，至于曾为好处所付出的代价连想也没去想。掺和在这种忘恩负义之中的还有愚蠢、无知以及理论家、知识分子通常所具有的蔑视。

……

须知：没有工人运动，没有社会主义者，没有他们的思想家，他的名字叫卡尔·马克思，当今六分之五的人口依然还生活在半奴隶制的阴郁的状态之中；没有斗争，没有起义，没有罢工，这需要发动，需要引导，资本家连半步也不让。西方世界理应感谢卡尔·马克思，尽管东方世界宣布信奉卡尔·马克思，不过，似乎有一种远比争取如下的远景更为复杂的想法：维护卡尔·马克思，不要让我们的子孙认为他是可怕的幽灵。

……

后代人享受这些社会进步心安理得，想也不去想一想马克思的事业、马克思的生活。

……

女售货员没有马克思是不可想象的。女售货员没有马克思，至今还得为其八小时工作制，为其自由的下午，也许也为其自由的礼拜天，为其在工作时间偶尔坐坐的权利而斗争。"

——[德]伯尔:《假如没有马克思》，
选自《伯尔文论》

今天，在我们这个时代，忘了马克思，良心会痛。这是一个被马克思主义改变过的时代。我们享受着其理论的实践回响带来的社会进步,不应该遗忘、也不应该忽视马克思的伟大功绩。恩格斯曾说过:"我们之所以有今天的一切,都应当归功于他……没有他,我们至今还会在黑暗中徘徊。"

可是,就是这样一个深刻改变了世界的人在大家印象中是什么样的呢?

一个如雷贯耳的人名?

一幅挂在墙上的大胡子画像?

一门从小到大,人人必学的课程?

还是仅仅是一道印在试卷上的必考题?

对于很多人而言,马克思就如"最熟悉的陌生人",似乎每个人对他都可以谈论上那么几句,可又有多少人真正了解他呢?很多人对马克思的理解不过停留在几个简单的标签之上。恨他的人,将他看作魔鬼;尊敬他的人,将他奉为伟大的革命导师。在赞美与诋毁之间有多少标签式的形象流传,模糊了多少真实的形象?我们是否应该卸下标签的刻板印象,去触摸更加具体而真实的马克思呢?或者说,对于马克思这样一个19世纪的人,我们在今天是否还有必要继续去了解他呢?答案当然是肯定的,哪怕预先给出的答案有点略显粗暴。

人类思想家的历史长河中,群星璀璨。"千年第一思想家"的称号却落在了马克思头上,这个名号不是马克思自封的,也不是官方赐予的荣誉称号,而是来自民间的"封神榜"。

1999年英国BBC网上评选中,马克思打败爱因斯坦、牛顿、达尔文、托马斯·阿奎那、霍金、康德、笛卡儿、麦克斯韦、尼采9人,跃居投票榜首。

马克思得到如此高的肯定和赞誉不是偶然的唯一一次。2005年,英国广播公司第四频道调查3万名听众,征询"古今最伟大哲学家",马克思再次位居第一。马克思去世后的一个多世纪，一旦人们遇到社会危机时，总是会不断地求助于他。2008年金融危机时，《资本论》再度风靡世界便又是一个例证。

今天，我们普通人为何还要去读马克思呢？在此刻，答案已经不证自明。不仅因为必修的政治课要学习马克思主义，更重要的是看看伟大是如何逐渐形成的。正所谓"伟大也要有人懂！"

马克思不是生而伟大，也不是靠各种"人设"的堆砌。他的伟大是用一生的付出所换来的。

人生之路有很多条，但马克思选择了最难的那一条。他17岁就立下了"选择最能为人类而工作的职业"的志向。很多人或许青年时代也曾有过如此豪言壮语，但大多不过随性而起。而马克思不是，他青年时代许下的这一初心，威武不屈、贫贱不移、至死不渝、一生未变。

撒切尔夫人说："马克思写了一部《资本论》，可他恰恰最缺资本！"事实上，马克思不是没有选择。当通往权力与富贵的道路向他展开之时，他却选择了生活在社会的边缘，为一个更加美好的世界而奋斗。1848年康普豪森被任命为普鲁士总理大臣。上任后，他马上预留了一个幕僚职位给马克思，希望他能够出任财政部长或者国家银行行长，但马克思拒绝了如此令人艳羡的职位，最终成为一名无国籍的世界公民，终生漂泊，为当初许下的初心奋斗终身。正因如此，李卜克内西说，马克思既是当代最遭嫉恨、最受诬蔑的人，同时又是千百万革命战友为之尊敬、爱戴的人，他不需要将自己的名字刻在墓碑上，人们只要记住他是《共产党宣言》《资本论》的作者就够了。

臧克家曾讲："有的人活着，他已经死了；有的人死了，他还活着。……他活着为了多数人更好地活着的人，群众把他抬举得很高，很高。"

斯人已去，精神不死！至今，马克思肉身虽然已经离我们远去一个多世纪了，但是他从未真正离去，总是在时代的召唤下不断出场，展现其科学的真身。2013年8月19日，习近平总书记在全国宣传思想工作会议上的讲话中指出，我们这个时代，"在一些人那里，有的以批评和嘲讽马克思主义为'时尚'、为噱头……"事实上，这些搞"时尚"和"噱头"的人不过是数典忘祖的不肖子孙。法国著名思想家雅克·德里达曾说，我们都是马克思和马克思主义的继承人。一个多世纪后的今天，我们每个人都可以说是马克思的继承人。

今天的这个世界是被马克思医治过的世界，我们每个人都享受着马克思带来的福利。但特别令人感慨的是，今天我们所享受的一切，对于当年的马克思而言，只存在于他脑海之中，而马克思和他一家人却为我们今天所享有的牺牲了一切。所以，马克思的一生不仅赢得了无数战友的称赞，甚至赢得了对手的尊重。当然，更少不了后人的敬仰。这可正是应验了马克思在中学立下的志向："面对我们的骨灰，高尚的人们将洒下热泪。"

这样一个高尚的人，难道我们不应该走近他、走进他，去领略一下伟人的芳华，读读究竟何谓"伟大"吗？

在读懂马克思的伟大是如何养成前，让我们先从一份马克思的自白书开始，看看马克思心中的自己。19世纪60年代，伦敦非常流行一种填写"自白书"的娱乐活动。作为慈父的马克思与女儿燕妮和劳拉之间也玩起了这个游戏。马克思有两个版本的自白，前一版本是马克思同莱奥·菲力浦斯和南尼达·菲力浦斯（马克思的表舅和表妹）的信一起发表在1956年《社会历史国际评论》上，后一版本是在马克思的长女燕妮的纪念册中保存下来的。两个版本大同小异（标黑的是略有差别的地方）。

卡尔·马克思自白
（版本1）

您喜爱的优点：
一般人……………………………淳朴。
男人………………………………刚强。
女人………………………………柔弱。
您的特点：………………………目标始终如一。
您喜欢做的事：…………………看小尼达（南尼达·菲力浦斯）。
您厌恶的缺点：…………………逢迎。
您能原谅的缺点：………………亲信。
您对幸福的理解：………………斗争。
您对不幸的理解：………………屈服。
您厌恶的是：……………………马丁·塔波尔。
您喜爱的英雄：…………………斯巴达克、刻卜勒。
您喜爱的女英雄：………………甘泪卿(歌德的悲剧《浮士德》中的人物)。
您喜爱的诗人：…………………埃斯库罗斯、莎士比亚、歌德。
您喜爱的散文家：………………狄德罗。
您喜爱的花：……………………瑞香。
您喜爱的菜：……………………鱼。
您喜爱的格言：…………………人所具有的我都具有。
您喜爱的箴言：…………………怀疑一切。

卡尔·马克思自白
（版本 2）

您喜爱的优点：

一般人·····················淳朴。

男人·······················刚强。

女人·······················柔弱。

您的特点：·················目标始终如一。

您对幸福的理解：···········**（没有答案）**。

您对不幸的理解：···········**（没有答案）**。

您能原谅的缺点：···········亲信。

您厌恶的缺点：·············逢迎。

您厌恶的是：···············马丁·塔波尔、**堇菜粉**。

您喜欢做的事：·············**啃书本**。

您喜爱的诗人：·············**但丁、埃斯库罗斯、莎士比亚、歌德**。

您喜爱的散文家：···········**狄德罗、莱辛、黑格尔、巴尔扎克**。

您喜爱的英雄：·············斯巴达克、刻卜勒。

您喜爱的女英雄：···········甘泪卿（歌德的悲剧《浮士德》中的人物）。

您喜爱的花：···············瑞香。

您喜爱的颜色：············**红色**。

您喜爱的眼睛和头发的颜色：黑色。

您喜爱的名字：············**燕妮、劳拉**。

您喜爱的菜：···············鱼。

您厌恶的历史人物：········**（没有答案）**。

您喜爱的格言：·············人所具有的我都具有。

您喜爱的箴言：·············怀疑一切。

透过这份自白，我们可以看到马克思爱憎分明，食人间烟火，并非各种"人设"的堆砌。对于这样一个伟大的人，我们的认知不应停留在单纯的一个大胡子的形象上，也不应是课本上抽象的科学理论。马克思个人其实极富魅力,不仅才华逆天、充满勇气、疾恶如仇,同时也温柔如水。在他那个年代就吸引了一大拨追随者,到了我们这个时代,他仍是思想界的"顶流",有着耀眼而恒久的光芒。正如2018年习近平总书记在纪念马克思诞辰200周年大会上的讲话中所概括的那样"马克思是顶天立地的伟人,也是有血有肉的常人"。这一常人,是如何成长为伟人的呢?他的青少年时代是如何度过的呢?这就是我们这本小册子试图呈现的内容。

第一章 特里尔之子的降生与成长

萧伯纳曾如此评价马克思:"他达到了一个人能够用文字实现的最高成就。马克思改变了整个世界的思想。"

马克思这位改变世界的人,他究竟是如何成长起来的?让我们一起回到故事的开始,马克思的出生——那个地方,那个时代。那个地方叫特里尔,那个时代叫"革命的年代"。

"革命的年代"的特里尔

200多年前,金牛座的"10后"马克思在一个叫"特里尔"的小城市出生了,这个城市当时只有1.2万人。

跟柏林、巴黎、伦敦、纽约这些大城市相比,一说起特里尔,感觉就像无名之辈,但其实它是一个特别有故事的古老城市。这个城市有很多吸引人的"网红打卡地":"特里尔是德国最古老的城市""特里尔是罗马帝国曾经的首都""特里尔主教教堂保存了圣衣""特里尔有罗马人遗留的皇家浴场""特里尔是马克思的故乡"……在这诸多盛名中,特里尔最吸引人的当然还是"马克思的故乡"。马克思赋予了这座城市在近代特殊的位置,所以有人以他的故乡来称呼他——"特里尔之子",比如,恩格斯。

马克思出生的年代,被英国著名历史学家霍布斯鲍姆誉为"革命的年代"(1789~1848),因为当时爆发了"双元革命",即英国工业革命和法国大革命。

在"革命的年代",工业是令人兴奋的,但特里尔基本没有什么工业,仍保持着中世纪那种美丽的自然风光。特里尔有条著名河流即莱茵河的支流,叫摩泽尔河。一年四季,清澈的摩泽尔河从特里尔静静地穿过。这里的气候特别适合种植葡萄。春天来临的时候,河谷两岸成片的葡萄树抽芽,宛如一片世外桃源。葡萄种植业成了这个地方的支柱产业。正因为如此,该地区的居民都懂得品味佳酿,马克思也不例外,酷爱红酒。从大学喝酒打架到《资本论》中大量的葡萄酒案例,都在折射着他的家乡印记。

虽然盛产的葡萄能酿出品质俱佳的葡萄酒,但特里尔并未因此而经济腾飞,相反后来因为关税同盟的建立导致葡萄酒不能外销,只能本地消化,经济日渐萧条,失业率不断上升。翻开1788年的市议会报告,我们可以一

*
19世纪30年代的德国古城特里尔

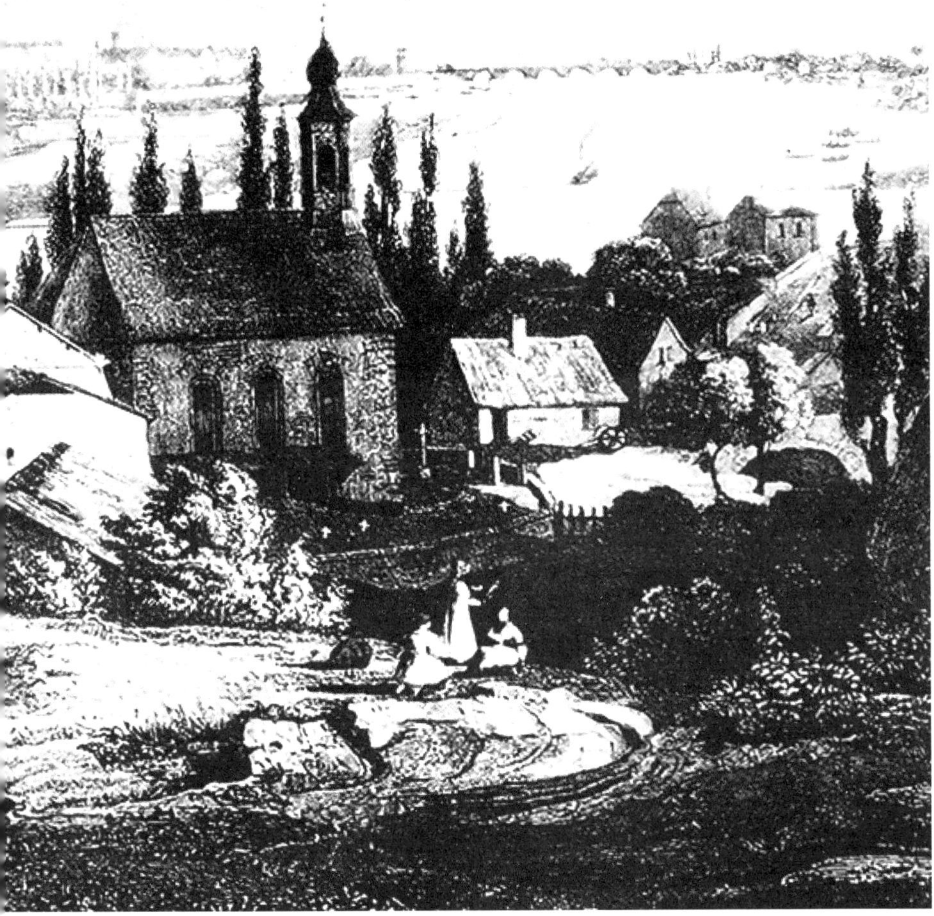

窥当时的境况:"特里尔现在没有法庭、贵族、驻军,更不要说制造业;为数不多的人才和大学,都被运动埋没,没有丝毫价值。在如今这种环境下,根本没有资源可供谋生。我们可以十分肯定地预计,穷苦市民的庞大数量已经超出寻常水平,而且还会进一步增加。"

虽然经济上落后于时代,但思想上这时的特里尔却走在时代的前列。这跟它靠近法国的特殊地理位置密切相关。正因如此,对于马克思究竟是德国人,还是法国人,还发生过争论。

在马克思出生的年代,现代民族国家"德国"还未建立,整个德意志四分五裂、小邦林立。当时有这么一个笑话"今天的风是那么大,把我的帽子吹到萨克森-魏玛-爱森纳赫去了。我想拿回帽子,他们居然找我收过境税"。直到1871年,普法战争之后,在铁血宰相俾斯麦终结了法兰西第二帝国后,德国才实现了统一。如果还记得语文课本所学的都德的《最后一课》,文章的背景就是1871年这场著名的普法战争。熟悉欧洲的历史的话,就知道欧洲的历史跟我们不同,我们是"天下大势,分久必合,合久必分",而他们则是不断的战争史。在1871年德意志第二帝国大败法兰西第二帝国之前,法兰西第一帝国曾大败德意志第一帝国。1794年8月8日拿破仑率领法国的军队开到了特里尔,并带来了法国大革命的浪潮。1797年,特里尔作为莱茵联邦的一部分,正式并入了法兰西共和国,共和革命在这里轰轰烈烈地开始了。1815年6月,拿破仑遭遇滑铁卢倒台,特里尔才回归德意志大家庭。这一段复杂的历史深刻改变了特里尔地区人们的思想。原本被等级思想充斥的社会浸润在了言论自由和立宪自由的氛围中。"特里尔选帝侯国、神圣罗马帝国、等级社会,以及犹太人在这种等级社会制度中的地位,这一切都突然消失了。"

特殊的地理位置造就特殊的历史文化氛围。可以说,马克思出生的时候,地理上处于交界处的特里尔,那时也处于历史的交汇处:一边是激进化的法国启蒙运动,一边是等级社会的普鲁士,二者注定将产生矛盾。这种矛盾构成了特里尔特殊的"磁场",影响了当时马克思周围的大部分人,也成为塑造马克思世界观的第一块精神园地。无论是马克思的父亲——亨利希·马克思,还是后来成为他岳父的路德维希·冯·威斯特华伦(即燕妮的父亲),抑或是马克思学校的老师,都追随时代潮流,崇尚理性,向往民主,法国成为他们思想的底色。正因如此,有人开始争论了,出生于特里尔的马克思到底是哪国人呢?是德国人,还是法国人?因为他生在德国,但思想上却打下了法国人的印记。

在特里尔此种大环境的熏陶下,深受法国启蒙运动思想影响的马克思,心里很早就种下了反对专制、向往共和、争取自由、追求解放的革命种子,少年就展现出对人类命运的关注。所以,我们说人都是时代的产儿。人不能脱离于他的时代,个人境遇总是与时代态势紧密交织的。马克思正是"革命的年代"的产儿。只不过马克思没有屈服于他的时代,而是成为时代的批判者,他深刻地洞察和批判了这个时代,从而开创了更远的未来。

马克思的"原生家庭"

1818 年 5 月 5 日,一个平凡的日子,没有天降异象,也没有神祇预言,"千年第一思想家"卡尔·马克思在特里尔布吕肯大街 10 号一栋建于 1727 年的灰白色三层小楼内呱呱坠地,父亲叫亨利希,母亲叫罕丽达。

5 月 5 日是金牛座的一天。曾有人根据统计学的概率得出了一个特别好玩的结论:"金牛座是盛产哲学家的黄金星座。"因为金牛座的伟大哲学家比率远远高于其他星座,如大名鼎鼎的康德、休谟、费希特、罗素、维特根斯坦、弗洛伊德,马克思也是其中之一。金牛座的马克思是不是就因此而自带"哲学之光",注定一生将与众不同呢?当然不是。要不然金牛座的人都可以因为有星座之光的照耀，而马上选择"躺平"了。

回顾马克思的一生，他的成长首先离不开的就是家庭的培养。现代有一个词特别火——"原生家庭"，意在强调家庭教育的重要性。确实，家庭是一个人一生成长的起点。马克思的原生家庭是怎么样的呢？又是如何影响马克思的呢？

说到马克思的"原生家庭"，讨论最多的就是他家到底富不富？众说纷纭，有人说一般，有人说富足，但不管如何，他们肯定不穷。至于"富"还是"不富"，这就得看参照物是什么。如果跟当地的"比尔·盖茨"比，马克思的家境肯定差远了，但如果跟普通工薪阶层比，也可以算是有钱人。以至于17年后，马克思的父亲在马克思第一次远离家乡去波恩求学时，他曾如此自豪地勉励自己的儿子："我希望你能成为出生在你这么好的条件下可能成为的人。"注意，老马克思这里对自己家庭收入的定位是"这么好的条件"。由此就可以放心大胆地推论，马克思家庭条件真的不错。

不过还是数据最能说服人。盘点一下当时马克思家的收入就知道了。根据当时亨利希缴纳的税金，可以大致推断出他的年收入为1500塔勒（当时的货币，从1871年之后退出金融市场，由马克取代）。这是什么概念呢？如果当时也有特里尔的"收入排行榜"，马克思的父亲虽然不能跻身金字塔塔尖，跨入特里尔的首富行列——那些人都是城中最富有的商人、银行家与容克地主，但应该可以进入"头部"，位居该市的前5%。

此种收入，如果再加上马克思的母亲带来的嫁妆，这个家庭着实是一个殷实的中产阶级家庭。

1814年，同为犹太人的罕丽达·普勒斯堡嫁给了大他11岁的亨利希·马克思。这是一个有钱的家族，把犹太人的经商天赋发挥得相当不错，18世纪在荷兰取得了巨大成功。这个经商的天赋日后也得到了进一步验证，要知道赫赫有名的飞利浦公司就是马克思姨妈家的！马克思的姨妈

第一章　特里尔之子的降生与成长　_009

*
马克思的出生证

*
马克思出生的房子——特里尔布吕肯巷664号（现为布吕肯大街10号），
1818年5月5日马克思在这里出生

索菲嫁给了商人里昂·飞利浦，索菲与里昂的孙子们，就是电器王国飞利浦公司的创始人。正是由于这种家族的经商天赋与成功，马克思的母亲出嫁时带来了十分"硬核"的嫁妆：8100荷兰盾现金，合4500普鲁士塔勒，相当于普通工人三四十年的收入。除此之外，还有各种家具陈设。这些嫁妆成为马克思父亲事业发展的坚强后盾，也为马克思的成长提供了坚实的物质基础。

一句话概括马克思从小的家庭条件：有房、有葡萄庄园、有金融资产（即俄国国债），且父亲还在事业上升期，年薪一直涨。当时，老马克思凭借自己的努力获得了普鲁士政府授予的"司法委员会委员"资格，这是一个挺难得的荣誉，只颁发给那些通过了详细审查、口碑优秀的律师。总之，借用马克思妹妹的话讲，这是"特里尔一个受人尊敬、受人爱戴的律师家庭"。

还有一组数据可以说明马克思的家庭条件不错。当时马克思父母孕育了9个孩子。试想，要养活并且养好这么一大家子，没有点家底是难以实现的。要知道后来马克思上大学的花销可不小，这一点后面再谈。总之，优渥的家境让马克思从小首先考虑的问题不是吃饭问题，而是如何快乐地成长。

家里提供给马克思的不仅仅是物质上的优裕，更有精神上的启蒙。要知道，马克思12岁前接受的最重要的教育就是家庭教育，因为目前没有任何证据显示马克思曾在何时何地接受过小学教育。没上过小学的马克思，12年的成长绝非野蛮生长，老马克思是家庭教育的主力军，是马克思的第一个人生启蒙老师与领路人。

要了解马克思的父亲如何影响马克思，就得了解他是如何奋斗起来的。亨利希·马克思可以说是一个典型的励志男。他作为一个犹太人，在那个犹太人地位低下的等级社会中，靠着个人的努力成为当地一名有名的律师。

这一路老马克思走得可以说非常不容易。

　　首先就是他犹太人的身份。在那个年代，犹太人可以找什么样的工作呢？大多都是放贷者或中间人。所以，一度在很多人概念中，犹太人风评不好，比如，费尔巴哈就把这些活动视作"卑污的犹太人的活动"。这就是马克思的《关于费尔巴哈的提纲》中提到的那一句。除了这些工作，大部分职位是不对犹太人开放的，包括律师。但为何老马克思后来能够成为律师呢？重要的客观条件就是特里尔曾归属拿破仑帝国，法国大革命的余波拂过了这片大地。其对犹太人而言，产生的最重要的政治成果就是扫除等级社会，实现公民在法律面前一律平等。正因如此，犹太人能够摆脱等级社会中局限的社会与政治立场。即使拿破仑做这一切是为了法兰西帝国——他对犹太人的宽容是建立在要把犹太人从民族的一员变为信仰犹太教的法兰西公民之上。不过，不管拿破仑在犹太人问题上是否矛盾，客观的事实就是，这确实给了广大犹太人发展的空间，他们开始在经济、文学、科学、哲学、艺术等领域大展拳脚。老马克思便是其中之一。老马克思坚信"我命由我不由天"，终于靠着自己的勤奋汗水在特里尔谋得了一份光鲜的工作——律师，并享有很高的声望。不过他也为此付出了代价，放弃了自己原有的犹太教信仰，受洗皈依新教。

　　老马克思的逆风翻盘在给马克思的成长提供优越的物质生活条件的同时，更重要的是让马克思从小就经受了法国大革命的思想洗礼。

　　前面讲到，特里尔的特殊历史环境深刻改变了特里尔地区人们的思想，亨利希就是其中之一。说亨利希是德国人，但从思想上看，他更是一个法国人。深受法国启蒙思想的影响，亨利希很早就摆脱了狭隘的犹太教的束缚，在思想上倾向于理性主义，政治上倾向于自由主义。可以说，拿破仑法国大革命信念是他的思想底色。正因如此，他的孙女爱琳娜回忆说，马克思的父亲是一个真正的18世纪的"法国人"，深深地沉浸在18世纪的法国关于政治、宗教、生活、艺术的自由思想里。

这里说一下,什么是启蒙运动?借用德国著名哲学家康德在晚年题为《回复这个问题:"什么是启蒙运动?"》的短文中的概括:"启蒙运动就是人类脱离自己所加之于自己的不成熟状态……要敢于认识!(Sapere aude)要有勇气运用你自己的理智!这就是启蒙运动的口号。"相对于封建教会神权和专制特权而言,推崇理性,主张"自由、平等、博爱"的启蒙运动是人类历史跨出的一大步。

亨利希的自由主义思想深深地影响了童年时期的马克思。对于小时候的马克思而言,由于父亲的存在,法国大革命不再只是异国的历史,而是现实的、可触摸的。老马克思不仅具备高尚的道德情操,而且有着十分开明的自由精神,极富哲学素养,熟悉牛顿、莱布尼茨、洛克、康德、莱辛等人的著作,能够背诵伏尔泰和卢梭的作品。自然而然,马克思的启蒙读物里少不了这些人的文章,当然,德国古典主义的歌德和席勒的诗歌一个也不能少。在这一方面,老马克思为马克思树立了好父亲的典范,后来成为父亲的马克思亦如他父亲一般为孩子读经典。正是在这种家庭氛围的浸润下,马克思由理性主义浇灌而长大。

老马克思对马克思的影响可以说是十分深刻的。马克思终其一生都随身携带着父亲的照片,最后这张照片放置在了马克思的墓中。

相较于父亲思想的影响,母亲给予马克思的更多的是母爱。从马克思母亲的生活看,她可以说是一个困在社会转型中的人,是一个典型的家庭主妇,没有文化,传统又低调,全部的注意力都放在家庭,用她的母爱对马克思的生活和身体进行全方位的照料。

人生路上的启蒙者

马克思人生路上的启蒙者有两个爸爸：一个是亲爸爸，一个是未来的岳父——冯·威斯特华伦男爵。

冯·威斯特华伦男爵是特里尔城的枢密顾问，与老马克思是好友，经常往来。同时，男爵的小儿子埃德加尔跟马克思是中学同班同学，也是很要好的朋友。马克思经常到埃德加尔家玩，不仅结识了其姐姐燕妮（当然他们之间的故事是后话），也凭着才气得到了男爵的喜爱。很快，马克思与男爵成了忘年交。

男爵在古希腊罗马文化和浪漫主义文学上造诣很深。他经常在领着马克思散步过程中给马克思开讲座，进行文学训练，读荷马、莎士比亚等人的诗篇，没事就整章整章地背诵，用德文和英语。这给马克思打下了扎实的文学底子。

男爵不仅领着马克思搞文学，也让他见识了当时进步的政治思想。如老马克思一样，他亦见证了拿破仑驰骋欧陆，经历了大革命的风起云涌，内心向往法国的那种自由主义。但这种思想与当时特里尔的政治环境和他的身份是不匹配的。不过，这都没关系，马克思成为他的忠实小听众。他向马克思介绍了法国空想社会主义者圣西门的思想和著作。对于男爵所讲的，马克思特别有兴趣，使得男爵内心甚为欣慰，更加喜爱这个小伙子了。

为了表达对冯·威斯特华伦男爵的尊敬，1841年马克思把自己的博士论文献给了他，称他为"我敬爱的父亲般的朋友"：

"我敬爱的父亲般的朋友，请您原谅我把我所爱慕的您的名字放在一本微不足道的小册子的开头。我已完全没有耐心再等待另一个机会来向您略表我的一点敬爱之意了。

我希望一切怀疑观念的人，都能像我一样幸运地颂扬一位充满青春活力的老人。这位老人用真理所固有的热情和严肃性来欢迎时代的每一次进步；他深怀着令人坚信不疑的、光明灿烂的理想主义，唯有这种理想主义才知道那能唤起世界上一切心灵的真理；他从不在倒退着的幽灵所投下的阴影前面畏缩，也不被时代上空常见的浓云迷雾所吓倒，相反的，他永远以神一般的精力和刚毅坚定的目光，透过一切风云变幻，看到那在世人心中燃烧着的九重天。您，我的父亲般的朋友，对于我永远是一个活生生的证据，证明理想主义不是幻想，而是真理。"

值得一提的是，无论是亲爸爸领着读伏尔泰和拉辛，还是岳父大人领着读荷马和莎士比亚，这些都使马克思在文学上练就了很好的"童子功"。少年这段时光对于马克思日后的成长是一座宝库。马克思一生都保持了对文学的浓厚兴趣。年少时培养一个爱好可以用来抵御人生中的狂风暴雨。日后，文学对于马克思而言，不仅是立命的武器，也是安身的良药。

19世纪60年代创作《资本论》时，马克思度日艰难，尤其当他再度失业——丢掉了《纽约论坛报》的工作，妻子燕妮又患上天花险些丧命时，生活似乎没有了亮光。

怎么度过这段难熬的岁月呢？阅读！"阅读是一座随身携带的避难所。"

马克思反复读埃斯库罗斯、莎士比亚、歌德，读阿庇安希腊文原版的罗马内战史书……从他们的作品中汲取精神的力量。正是这股力量成为引领马克思穿过人生幽暗岁月的那束光。这就是经典的魅力。我国著名文艺理论家刘再复先生曾如此形容人文经典的魅力："从荷马史诗到莎士比亚戏剧，从但丁到托尔斯泰、陀思妥耶夫斯基，从《史记》到《红楼梦》，所有经过历史筛选下来的经典，都是伟大作者在生命深处潜心创作的结果，因为是在生命深处产生，所以时间无法蒸发掉其血肉的蒸气，所以真的经典永远具有活力，永远开掘不尽。"

少年时代的马克思，除了两位父亲，还有第三个很重要的启蒙者，就是他的中学老师。其中比较有代表性的就是中学校长约翰·胡果·维登巴赫。

从12岁到17岁，青少年的5年宝贵光阴，马克思是在特里尔的弗里德里希－威廉中学度过的。跟整个特里尔笼罩在启蒙思想之下一样，这个学校虽然原来是耶稣会学校，但却盛行着自由主义的启蒙精神。其中影响最大的就是校长约翰·胡果·维登巴赫。

维登巴赫是一个坚定的康德信徒，秉持着理性主义的精神和原则来治校。他亲自教过马克思历史课，讲授罗马史、中世纪史、近代史。在校长治理下，学校表现出自由主义倾向。虽然当时特里尔回到德国怀抱后，政府开始清理法国思想的残余，但一开始，这还是相对安全的。不过随着黑格尔去世后，情况改变了。

黑格尔，德国古典哲学的集大成者。在他人生的巅峰时刻——柏林大学期间时，他的哲学被抬到了普鲁士官方哲学的地位。虽然没有明确为官方指导思想，但是人们都称之为普鲁士官方哲学。黑格尔去世之后，其哲学不再流行了，因为普鲁士官方认为黑格尔的思想对他们的统治无益。黑格尔的思想里虽然有官方所需要的保守的东西，但还有自由化的成分，反宗教的成分，容易得出革命的结论。代替黑格尔哲学的是谢林的后期哲学。谢林成为柏林大学的新任校长，其哲学思想就成了对抗黑格尔思想影响的武器。没错，这个谢林就是遭到恩格斯无情炮轰的谢林。谢林后期的哲学思想主要鼓吹宗教哲学，鼓吹神秘主义，更符合当时官方的需要。情况变化后，再讲黑格尔就变得充满了政治危险。

当时在特里尔，一些黑格尔思想的追随者强调"变化"，这引发了普鲁士当局的害怕。为何当局会害怕"变化"？因为"变化"可以解读为"政治变化"。这种激进主义自然会激怒当局。这股思潮进入了校园,可作为校长的维登巴赫没有旗帜鲜明地"亮剑",甚至还聘请了进步人士,允许学生读禁书,写政治文章。对于当局来说,这是不可容忍的。1834年1月25日,特里尔发生"文学俱乐部"事件,一些自由主义者上街游行示威,高唱着《马赛曲》《巴黎人》等革命歌曲,向作为革命象征的法国三色旗致敬,宣扬理性和自由,其中不乏威廉中学的教师与学生。这彻底惹怒了政府当局,他们认为校长维登巴赫对此负有不可推卸的责任,提出要免去其校长职务,同时还派了一个可靠的保守派人士共同担任校长。

"文学俱乐部"事件也波及老马克思,他被不问理由地审查了。两个人生道路上的重要启蒙者,都因该事件遭受了政府的打压。试想,正处于人生价值观形成关键期的马克思,内心会产生多大的波澜?时代问题已经给青少年时期的马克思提了出来。只是那时的他还未真正踏上社会,尚不知如何解答,但这一天不会太远。

17岁马克思的"初心"

自古英雄出少年。中学时代马克思的最高光时刻应该就是1835年8月所写下的中学作文——《青年在选择职业时的考虑》。

那时的马克思还没有蓄上大胡子,是只有17岁的"小鲜肉"。17岁的他会如何规划自己的未来呢?他在文章中用伟大的字眼表达了伟大的志向。文章写得激情澎湃,多引用几段以飨读者:

"在选择职业时,我们应该遵循的主要指针是人类的幸福和我们自身的完美。不应认为,这两种利益会彼此敌对、互相冲突,一种利益必定消灭另一种利益;相反,人类的本性本来是这样的:人们只有为同时代人的完美、为他们的幸福而工作,自己才能达到完美。如果一

*
马克思1835年8月写的中学毕业论文《青年在选择职业时的考虑》第1页

个人只为自己劳动,他也许能够成为著名的学者、伟大的哲人、卓越的诗人,然而他永远不能成为完美的、真正伟大的人物。

历史把那些为共同目标工作因而自己变得高尚的人称为最伟大的人物;经验赞美那些为大多数人带来幸福的人是最幸福的人;宗教本身也教诲我们,人人敬仰的典范,就曾为人类牺牲了自己——有谁敢否定这类教诲呢?

如果我们选择了最能为人类而工作的职业,那么,重担就不能把我们压倒,因为这是为大家做出的牺牲;那时我们所享受的就不是可怜的、有限的、自私的乐趣,我们的幸福将属于千百万人,我们的事业将悄然无声地存在下去,但是它会永远发挥作用,而面对我们的骨灰,高尚的人们将洒下热泪。"

不知道读完以上这些文字的你,是否还记得自己的17岁?抑或是正处于17岁的青春?又或是正憧憬自己未来的17岁?不管是追忆,还是憧憬,17岁恰是人生画卷展开之初。当别人都在表达自己的理想是成为浪漫的诗人、伟大的科学家、幻想天堂幸福的牧师或是成为一个过着舒适豪华生活的资产阶级时,马克思却讲,我们在选择职业时应该遵循的主要指针是"人类的幸福和我们自身的完美,人们只有为同时代人的完美、为他们的幸福而工作,自己才能达到完美"。

青春是热血的,谁不会被伟大的字眼感动,谁不会写下几句豪言壮语,但大多不过是即兴而起,很快就抛诸脑后,随风而散。然而,17岁的马克思不是。纵观马克思一生,这绝非一个中学生的一时兴起,而是经过深思熟虑的"初心"表白。这一初心没有随着岁月的流逝烟消云散,相反更加坚定,不断在他生命中奏响,最终共产主义成为他初心的最高理论表达。如果说跟之后的马克思相比,此时的马克思有何不同,那就是只有17岁的他此时尚不知为多数人谋幸福的道路在何方,还在找寻中。

人究竟因何伟大？因选择而伟大。

世人都在问：出生于中产阶级家庭的马克思背叛了自己的阶级，背叛了资本主义制度，背叛了父母对他的期望，他为何会走上这条背叛之路呢？

因为叛逆，愤世嫉俗？

还是因为遭受了压迫？

都不是。马克思并不愤世嫉俗，他在革命生涯开始前未曾遭受过困苦、受过压迫，缘何选择拒绝权力与富贵，背叛自己的阶级？

答案的源头就在这里。任何伟人不是生来就与别人不同，而是个人与时代奋斗、与境遇奋斗的结果。没有时代的洪流，个人折腾不出浪花；没有个人努力，会被时代洪流淹没。所以我们总讲，每一代青年都有自己的际遇和机缘，生逢其时，也重任在肩。在"革命的年代"，历史的车轮滚滚向前，生于特里尔的马克思没有随波逐流去追逐众人心目中的"成功"，而是把握时代潮流去实现自己认为的"伟大"，这是对时代的回应。所以，马克思的初心不是来自遭遇了阶级压迫后的被迫反抗，也不是少不更事的冲动选择，而是出于马克思对时代呼声的自觉回应，也是源自心底的自愿选择。

在马克思看来，什么是真正的伟大？伟大就是胸怀天下，为天地立心，为生民立命，为往圣继绝学。如果一个人只为自己劳动，他也许能够成为著名的学者、大哲人、卓越诗人，然而他永远不能成为完美无瑕的伟大人物。只有选择最能为人类福利而劳动的职业，不断突破小我走向大我，才能成为完美无瑕的伟大人物。马克思想做的就是这样的人。正因有此无私之心，马克思有了无畏之勇气，去对抗生活的难题，书写了伟大之人生。

在1862年6月18日给恩格斯的信中，马克思一家的贫困让人感到绝望："亲爱的恩格斯，我又来向你诉苦，实在不痛快，但是有什么办法呢？妻子天天对我说，她还不如同孩子们进坟墓，的确，我也不能责怪她，因为我们由于目前处境而忍受的屈辱、痛苦和可怕的事情实在非笔墨所能形容。"可笔锋一转，马克思又半开玩笑地说，"这样也好，我亲身体验了无产者的许多生活，包括他们的病痛。"1866 年马克思在给恩格斯的回信中解释他为何"拖延"不回信："我必须把我能够工作的每一分钟用来完成我为之牺牲了健康、人生幸福和家庭的著作。但愿这个说明使您谅解。我嘲笑那般所谓'讲求实际的'人和他们的聪明。只有禽兽才会漠视人类的苦难，而只关心自己，但是，如果我没有完成我的著作（哪怕是仅仅完成初稿）就死去，我就会认为我是真正不切实际的。"是什么让马克思在贫困面前如此坚毅而又乐观呢？那就是马克思的初心。实现人类解放成为马克思毕生思想探索和理论发展的内在动力，同时也成为马克思度过艰难岁月的精神支撑。试想如果没有马克思为无产阶级解放事业奉献的初心所筑牢的精神防线，或许贫困、病痛早已击垮了这位伟人。

所谓"初心易得，始终难守"，马克思做到了！一颗初心，矢志不渝。让马克思伟大的根本就在于他选择了真正的伟大——最能为人类谋福利，并始终坚守。

有人也许会问：芸芸众生，大多皆凡人一枚，并不像马克思那样才华逆天，也没有智商爆表，但是不是我们就此注定与伟大绝缘？

绝非如此。"伟大出自平凡，英雄来自人民。"在日复一日中，守正笃实，久久为功，每个人都可以掌握伟大与平凡的辩证法，将平凡汇聚成伟大。

第二章 大学时代激扬的青春岁月

谁的青春不迷惘，马克思也不例外。在大学，青年马克思也和我们大多数人一样面临过同样的困扰：家庭期望和个人志趣的两难、爱情的考验、理想和现实的落差。面对这些问题，马克思也曾有过迷惘，不知该走向何方，也曾深陷彷徨，不知所选的路将通向何方，但他始终保持着对社会的关怀和热忱，最终拨开了青春的迷雾，从生活中不断吸取积极因素提高自己，为人生的新起航积蓄着力量。马克思是如何走出青春的迷惘，从问题小子变身超级学霸的呢？一起打开马克思的大学生活来看看。

波恩大学"烟酒生"的日子

1835年10月15日,17岁的马克思怀着"要为人类的幸福牺牲一切"的初心,同时也带着家人希望他将成为律师的期望,坐船沿着摩泽尔河顺流而下,第一次远离家乡特里尔,来到波恩,在法律专业开始了大学生活。但一到波恩后,却呈现出另一种画风。马克思像一匹脱缰的野马,首先租了一个公寓,留起了"文青"的标配:黑胡子,长发。这个形象是不是有点熟悉呢?对,我们所熟悉的大胡子马克思的形象就是从上大学开始的。改变了形象的马克思是如何度过自己的大学生活的呢?

翻开诸多关于马克思的传记,你会发现他们勾勒马克思的大学生活基本逃不出"抽烟、酗酒、打架、关监禁、混乱财务、肄业"等这些关键词。等等,这些关键词不是描绘"叛逆少年""问题小子"的吗?怎么可以用在我们伟大的无产阶级革命导师身上呢?难道他人设崩塌,或者是反马克思主义者往他身上泼脏水?都不是。这的的确确是马克思在波恩大学的真实写照。是不是想不到,伟人大学的第一年过的也是"烟酒生"的日子。不过,马克思的"烟酒生"日子并非我们想象的那样。

首先,马克思的"烟酒生"日子并非浑浑噩噩、虚度时光的。马克思在波恩大学是很勤奋的。他第一年选了9门课程。9门?对于经历了高中语数外、史地政、物化生,外加体育美术音乐等课程的我们而言,9门不过家常便饭;对于国内大多数大一新生而言,9门课也很常见。但国内外课程差异大,9门对于当时的学生来讲是超负荷的。可这些对于马克思而言,都构不成智力上的挑战,他甚至觉得很多课程不解渴,又选择了很多文学、艺术的讲座,后来干脆就不听课开始了自学。

更重要的是,如果了解了马克思为何抽烟喝酒打架,我们将会改变对这些伟人的年少轻狂的认识。他们出格的行为绝非纯粹荷尔蒙作祟，而是青春热血与时代命运的激烈碰撞。

现在大一新生大学报到后，一定会经历"百团大战"，在各种眼花缭乱的学生社团中选几个心仪的加入。但这并不是当代大学生的专利，两个世纪前，马克思的大学生活也是如此开始的。当时，马克思可以选择的协会有三类：一是以身份划分的社团，如贵族；二是老乡会，我们现在也有很多；三是带有政治色彩的。马克思选择了第二类——特里尔学生俱乐部。这个老乡会经常活动的据点就在波恩各地的酒馆中。"一杯敬朝阳，一杯敬月光，一杯敬明天，一杯敬过往"，一杯一杯下去，自然很容易醉。为何与人打架呢？为爱决斗还是酒后冲动？都不是。根子上还是当时社会冲突在校园中的折射。因为争斗发生在特里尔学生与普鲁士东部各省学生之间。当时东部更偏保守，而特里尔这些城市更趋向革命。一边是普鲁士的年轻贵族，一边是反对普鲁士的莱茵学生，大家都血气方刚，冲突就在所难免。恰逢当时刚好政府当局收紧控制，许多政治活动被压制。于是，许多人把矛头对准了普鲁士的年轻贵族，用跟这些人打架的方式表达他们对普鲁士的不满。马克思加入了特里尔学生俱乐部后，很快被推选为这群特里尔学生的一个头头儿，成了协会主席，自然打架不能厌甚至还想跟人决斗。

当然，这些抽烟喝酒打架斗殴行为，放在17岁的马克思身上，是令天下所有父母都不能接受的，也是需要正面引导的。马克思是人，人都有年轻的时候。青春期的叛逆大家都懂，也或多或少都经历过，但这些问题如果不加以正确地引导，就有可能滑向真正的问题小子，变得不学无术。马克思是幸运的，因为那时不靠谱的他有一个靠谱的老爹。从入学没及时给家里写信开始，老马克思对马克思人生路上可能出现的分岔路都给予了及时关注与纠偏。

1836年波恩大学特里尔同乡会的大学生在哥德斯堡的白马酒店前的石版画,右起第六人为马克思

出门在外,及时报平安是美德。马克思到波恩后估计太过沉醉于自由,而没有第一时间汇报情况。于是,1835年11月8日,老马克思写信批评他:"你走后已经过去三个多星期了,可是音信全无!你是了解你母亲和她的担忧的,但是你仍然如此漫不经心!这不幸完全证实了我的看法,虽然你有不少优良品质,但是你内心中占统治地位的是自私。"

对于马克思勤奋好学,选了9门课这件事,老马克思也指出不要因为有热忱就把身体累垮在知识的海洋中。他嘱咐道:"在这个悲惨的世界上身体是你智慧的永恒伴侣,整个机器的良好状况都取决于它。一个体弱多病的学者是世界上最不幸的人。因此，用功不要超出你的健康所能容许的限度。此外，每天还要运动运动，生活要有节制，我希望，每次拥抱你的时候都会看到你身心更加健康。"

在马克思抱怨法学课程乏味而不想听的时候，老马克思犀利地指出："你不应当要求法律课程悦耳动听并富有诗意。材料不容许……诗作，你一定得适应它，并……认为值得深思，望你原谅……课程。"

对于抽烟饮酒打架，老马克思更是发出严重警告，抽烟有害健康，并质问"难道决斗也与哲学相关吗？要知道这是对舆论的迁就，甚至是对它的恐惧。而那是谁的舆论呢？决不总是正经人的，可你还是……你得设法不让这种爱好——即使不是爱好，也是欲望——在你的心里扎下根。否则，你终究会使你自己和你父母的最美好的愿望遭到毁灭。我相信，一个有理智的人，是能够很容易地、体面地对这一套不予理睬的，让人尊重自己"。父亲的这些话让马克思没有在轻率的路上走得太远。哪怕后来马克思多次想跟人决斗，他都保持了冷静。要知道马克思后来理论上的劲敌——拉萨尔就是死于决斗，年仅39岁。

读着这些谆谆教诲，不禁要感叹老马克思简直就是"人间清醒"，有些今天读起来还是那么字字珠玑。正是在老马克思句句箴言的规劝下，马克思的大学时光虽然不羁，但始终没有脱离正轨。不再喝酒打架的马克思开始把大把的时间花在了诗歌创作上，从"烟酒生"变成了"文艺青年"，产出了不少作品。从文艺鉴赏的角度看，老天爷似乎并没有赏马克思这碗饭吃，所以老马克思得知后委婉地对他进行了"劝退"："虽然你的诗歌天分着实使我感到高兴，对它我寄予很多期望，但是，如果看到你成了一个平庸的诗人，我会感到伤心的。"这似乎也没有阻止马克思的创作热情。

很快一年的时间过去了，回想儿子这一年各种不着调的胡闹行为，老马克思心里是十分焦躁的，认为波恩大学是不能待了！这位老父亲使出了

"必杀技"——转学,去学风更严谨的柏林大学。所以,马克思在波恩大学拿到的不是毕业证书而是肄业证书。

从青梅竹马到私订终身

恣意的青春,马克思情窦也开了。

1836年,在结束波恩大学生活去柏林大学前的那个假期,马克思最大的收获就是爱情结果了,他与燕妮·冯·威斯特华伦订婚了。

燕妮是当时特里尔城里最让年轻小伙子们着迷的女孩。她不仅出身高贵,长得漂亮,关键还是智慧与美貌并存。谁见了会不心动呢?何况情窦初开的马克思。燕妮和马克思并非一见钟情,而是青梅竹马。因为燕妮父亲和马克思父亲是好友,燕妮和马克思姐姐是闺密,燕妮弟弟和马克思是最佳玩伴。正因多重关系,马克思和燕妮小时候就经常见面,一起玩耍。只是不知在青春期的哪一刻,马克思对燕妮的情愫悄悄改变了,从玩伴的喜欢变为了少男少女的爱慕之情。他开始了父母并不知情的疯狂追求。一开始燕妮是拒绝的,因为马克思那冲动的性格和激烈的求爱方式吓到了她。但很快,燕妮就沦陷了,与马克思坠入了爱河。被马克思这样的人追求,确实很容易沦陷,因为当时燕妮就已把马克思视为其"孩童时期和青年时期的偶像"。

马克思和燕妮的爱情虽然没有恩格斯与爱尔兰女工玛丽的爱情那么惊世骇俗,但也困难重重,有很多鸿沟需要去跨越。

第一个鸿沟就是身份。诸多传记都说他们门不当户不对,因为燕妮家是贵族,而马克思家充其量只是一个中产阶级而已。虽然当时普鲁士的等级制度逐渐松动,但是要跨越阶层,还是需要极大勇气的,尤其马克思家还是犹太改宗者。不过,跨越这个鸿沟努努力还是有希望的,因为当时马

*
燕妮

克思家收入确实还不错，而燕妮家的贵族身份也不是声名赫赫的"蓝血贵族"。在那个时候，贵族也是分等级的，内部也有"鄙视链"，"蓝血贵族"看不起"特准贵族"。燕妮家1764年才获得贵族特权，只能算二等贵族。燕妮家是靠什么获得贵族身份的呢？是为了嘉奖燕妮的爷爷在担任不伦瑞克公爵私人秘书期间所做的贡献。面对等级制度的瓦解，一些旧贵看到自身的身份越来越不值钱了，于是内部就开始搞溯源、分等级，以维护自身的优越感，哪怕燕妮的爷爷当年联姻于一个真正的贵族——坎伯尔-阿盖尔家族，英格兰的世袭贵族。所以，在那样的政治生态中，马克思是有机会的。

马克思和燕妮之间的第二个需要跨越的鸿沟就是年龄差。燕妮比马克思足足大4岁。这种"姐弟恋"放在今天也许不算什么，但在那个年代绝对是不多见的，有诸多社会偏见需要克服，尤其对于燕妮来讲。那时的燕妮已经二十出头，快过最适婚的年龄，再不嫁就会被贴上"剩女"的标签，被人不断议论，而马克思还不足20岁，显然还没到被催婚的年纪。这对于燕妮来讲，压力可想而知。

除了出身、年龄，马克思的前途未定或许才是更大的鸿沟。毕竟结婚是需要经济基础的。这个还在求学的毛头小子，还没有任何经济能力可以扛起一个家。燕妮需要等待，等待马克思学成归来。在家人看来，这并不是燕妮最好的选择，那个时候的她完全可以选择另一个贵族，享有高贵的生活。

难上加难的是，马克思和燕妮不仅是"跨越阶层"的"姐弟恋"，还是"异地恋"。他们决定在一起时，马克思已远赴他乡求学。波恩与特里尔同属莱茵省，恋人一年还能见上一见。但后来马克思到柏林后，见面就更难了。他们的情感维系只能靠信件。在那个没有微信，没有手机的年代，虽然写信在现代人看来很浪漫，却不是高效的情感沟通渠道。可这是唯一可以选择的方式。如众多异地恋的情侣一样，他们必将经受因距离带来的沟通不畅而引发的猜疑、不安的巨大考验。

果不其然，在后来两人的通信中，我们可以看到爱情的幸福，但也可见异地恋的各种不安。

马克思炙热地表达了对燕妮的爱：

"燕妮，任它物换星移，天旋地转，

你永远是我心中的蓝天和太阳，

任世人怀着敌意对我诽谤中伤，

燕妮，只要你属于我，我终将使他们成为败将。"

但这不能掩饰马克思的不安，他甚至曾要为柏林流传的关于燕妮的流言蜚语去决斗。

来自马克思的不安：

"燕妮！你会不会犹豫动摇，畏缩不前？你那崇高的心灵会不会因害怕而震颤？爱情是刻骨铭心的思念，而痛苦只是转瞬即逝的云烟。"

"燕妮仍不在这里，不过她不久就要来了。她没有给你写信，（我只能这样说）是孩子气和任性。因为她以最大的牺牲精神爱着你，这是毫无疑问的，她差不多快要用生命来保证这一点了。她有一种认为没有必要写信的想法或是其他什么模糊的想法，她身上也是有某种超凡脱俗的东西的。但是，这又有什么关系呢？你可以相信，就是公爵也不能把她从你手里夺走的——这一点我深信不疑（而你知道，我不是一个轻信的人）。她的整个身心都献给你了——这一点你切不可忘记——在她这样的年龄上，她正为你做出一般姑娘肯定不会做出的牺牲。如果她有不愿给你写信或是不能给你写信的念头，那么，看在上帝的分儿上，你对此别介意。须知这基本上只不过是无关紧要的现象，你要对实质问题抱有信心。我一有机会就跟她谈一谈这件事，虽然我很不乐意做这事。"

——1837 年 9 月 16 日老马克思致马克思的信

留在家乡的燕妮，同样饱受着不安的折磨，她怀疑、她犹疑、她焦虑、她伤心。

来自燕妮的不安：

"唯一的心爱的人，请原谅我让你如此担心，可是，你对我的爱情和忠诚的怀疑伤害了我。

"唉，卡尔，我的痛苦在于，那种会使任何一个别的姑娘狂喜的东西，即你的美丽、动人而炽热的爱情、你的娓娓动听的爱情词句、你的富有幻想力的动人心弦的作品——所有这一切，只能使我害怕，而且，往往使我感到绝望。

"假如你那火热的爱情消失了，你变得冷漠而矜持时，我越是沉湎于爱情的幸福，我的命运就会越可怕。你看，卡尔，对于你的爱情能否持久的这种担忧，使我失去了一切欢乐。我无法尽情享受你的爱情所给予我的欢乐，因为我觉得它不再是有保证的了。对我来说，没有比这个更可怕了。"

仅仅"异地恋"一项就可以拆散很多情侣，何况马克思和燕妮还面临种种的现实问题，这样的爱情是很难被看好的，有着太多的不确定。

尽管有这么多障碍，但两个人还是勇敢地在一起了。1836 年暑假，大一结束的马克思返回特里尔，就和燕妮偷偷订了婚。当时，燕妮 22 岁，而马克思只有 18 岁。他们的订婚没有第一时间告诉父母，只有马克思的姐姐索菲亚和燕妮的弟弟埃德加尔知道，甚至一度他们还是二人鸿雁传情的忠实信使。不过很快，老马克思就知道了这个秘密，虽有忧心，但他还是为他们送上了长辈的祝福，甚至多次当起了"和事佬"，在马克思不靠谱的时候提醒他要像个男子汉学会对燕妮负责。

马克思和燕妮在一起绝对是爱情的胜利。

自幼受到父亲的深刻影响,燕妮没有贵族小姐的"公主病",反而被父亲所讲述的浪漫主义、社会主义所吸引。她关注社会的不公和诸般丑恶,她向往父亲领着她一起读的经典作家笔下的英雄。1835年,当17岁的马克思,一个小地方的毛头小子,居然喊出了要为全人类的幸福奉献自己时,燕妮内心应该是澎湃的,这不就是自己心目中的英雄形象吗?上大学不久后的马克思获得了"摩尔"的绰号——后来其好友终生如此称呼他——来自席勒《强盗》中的主人公卡尔·冯·摩尔。皮肤黑黑的马克思性格很像席勒笔下的摩尔,能力非凡,如绿林好汉一般,带领一帮强盗对抗腐朽的统治阶级。这样的马克思深深吸引着燕妮,有始无终,因为如此的英雄气质在马克思身上从未退场。如果说1835年立下伟大志向的马克思还少不更事,那步入中年的马克思在社会的大染缸中摸爬滚打那么多年后,不为尘世所染仍保持着真性情,威武不屈、贫贱不移,反而越活越纯粹,犹如空谷幽兰般直入人心。李卜克内西对于中年时的马克思有一段描述,那时的马克思不见中年人的油腻,仍保持着当初少年的那份执着:

"在所有我认识的伟大、渺小或者普通的人之中,马克思是为数不多的摆脱了虚荣的人之一。他太伟大、太强大、太骄傲了,不需要虚荣。他从不装模作样,他永远是他自己。他像孩子一样不会掩饰、不做作。只要是社会或政治方面不尽如人意,他总是完全地说出自己的看法,毫无保留,他的脸就是他的心灵的镜子。当环境需要他克制的时候,他会表现出孩子一样的、常令朋友们开怀的困窘。

没有人能比马克思更真实——他是真实的化身。仅仅只是看着他,你就会知道你交往的是个什么样的人。在我们这个战争不断的'文明'社会中,一个人不可能总是讲真话,那样会让敌人占便宜,或者冒着被排除在外的风险。而即使说真话常常是不明智的,但也不必总是说假话。我不需要总是说出我所想的、所感觉的，但这并不意味着我必须说出与我内心不一致的看法。前者是一种智慧，而后者是虚伪。他绝对不是虚伪的人，他根本做不来，就像一个不懂人情世故的孩子。他的妻子常常称他'我的大孩子'，没有人（即使是恩格斯）比她更了解、更理解他。的确，当他处于我们通常所称的社会中时，在这个以貌取人、人必定会粗暴伤害别人感情的社会中，我们的'摩尔'像一个大男孩一样，他可能会像孩子一样地局促或脸红。"

试问，这样纯粹而伟大的人，难道不令人心动吗？

试问，这样纯粹而伟大的人，找到了懂得他的人，难道不心动吗？

真正的爱情是两个灵魂的吸引、拥抱和共鸣。正是因为三观的契合、灵魂的拥抱和情感的共鸣，虽然前路漫漫，但马克思和燕妮仍冲破了社会的偏见，义无反顾地选择了在一起。对于二人的爱情，马克思的著名传记作者弗兰茨·梅林——马克思和燕妮的同时代人，曾如此评价："马克思的订婚，虽然看起来也是学生时代的一种轻率的举动，实际上却是这位天生的领袖所获得的第一个最辉煌的胜利。"

1837年夏天，男爵知道了二人的事情，并且同意了，这个同意暂时压制了家里其他人的反对声音。订婚后，整整7年，燕妮一直等候着马克思，马克思也一直钟情着燕妮，特别像童话故事中的爱情。

柏林大学的学霸生活

在父亲的强烈要求下，马克思1836年秋转到了柏林大学。

柏林跟波恩完全是两个世界。当时的柏林有30万人口，或许对于我们来说30万少得可怜，但在当时称得上是大城市，因为这大约是波恩人口的20倍。即使当时"双元革命"的工业革命之风还未吹到柏林这里，以蒸汽机为动力的工厂还没出现，大多还只是小作坊，不能跟当时的工业、商贸以及金融中心伦敦相比。但首都毕竟是首都，柏林有着波恩无法比拟的思想底蕴，知识与文化特别繁盛。柏林大学的规模与氛围也是波恩大学不能比的。柏林大学大约有 2000 名学生，是波恩大学的 3 倍，且学习氛围好。"在这里根本用不着考虑饮宴、决斗、集体娱乐之类的问题。任何其他大学的学生，都不像这里的学生这样普遍用功，这样对超出一般学生之上的事物感到有兴趣，这样向往学习，这样安静。和这里的环境比起来，其他的大学简直就是乱糟糟的酒馆。"马克思如是说。转学到这样一所大学，老父亲的心思很明显，就是希望柏林大学良好的风气能够给马克思带来好的影响，激励他朝着职业律师的目标努力，但这一如意算盘很快落空了，因为马克思在这里遇见了黑格尔哲学。

不知道是不是受环境影响，还是有了婚约在身，来到柏林大学的马克思确实从"问题少年"变成了"学术宅男"，但也并不让人省心。老马克思从担心他喝酒决斗闹事，变为了担心他因过于用功学习而损伤身体。当然，还少不了的就是操心马克思和燕妮的爱情。

在爱情的滋润下马克思的创作热情被进一步激发，他继续着他的"文青"之路，把对燕妮的思念化作了整整三大册诗集——《爱之书（第一部）》《爱之书（第二部）》《歌之书》。热恋中的燕妮收到后"掉下了悲喜交加的眼泪"，并终生珍藏。马克思不仅给燕妮写诗，还在 1837 年父亲生日之际为其奉上了《献给父亲的诗册》。为了提高自己的写作能力，马克思深入研究了莱辛、佐尔格等人的书籍，并准备多栖发展，开始创作戏剧，写幽默小说。一番折腾后，马克思的"文青梦"醒了。他写信告诉父亲："到学期终了，我又转向缪斯的舞蹈和萨蒂尔的音乐。在我寄给你们的最后一册笔记中，理想主义渗透了那勉强写出来的幽默小说《斯科尔皮昂和费利克斯》，还渗透了那不成功的幻想剧本（《乌兰内姆》），直到最后它完全变了样，变成一种大部分没有鼓舞人心的对象、没有令人振奋的奔放思路的纯粹艺术形式。"意识到自己在这方面有点才华，但这种才华不足以让他成为海涅那样的"头部"诗人后，马克思烧掉了自己所写的诗歌，只是当作了人生爱好，陶冶情操。

不过，人生没有白走的路，每一步都算数。虽然马克思最终没能成为诗人、作家，但他后来却把这些化作笔尖下的文学武器。本来文学童子功就很好的他，大学时期还专门研究过写作，所以，马克思的文章读起来总是那么酣畅淋漓，大为痛快。他笔调辛辣，各种典故信手拈来。毫不夸张地讲，今天要读懂马克思，没有好的文学素养是很难做到的。简单举几个例子，你能找出下面段落中隐藏的文学典故吗？

◇ "不过，读者会打断我们说：我们本来打算谈谈'莱茵省议会的辩论'，而现在却给我们抱出一个'无罪的天使'。"——《第六届莱茵省议会的辩论（第一篇论文）》

◇ "资产阶级的生产关系和交换关系，资产阶级的所有制关系，这个曾经仿佛用法术创造了如此庞大的生产资料和交换手段的现代资产阶级社会，现在像一个魔法师一样不能再支配自己用法术呼唤出来的魔鬼了。"——《共产党宣言》

◇ "金不是像彼得·施莱米尔那样出卖自己的影子，而是用自己的影子购买。"——《政治经济学批判》

在第一段中，"无罪的天使"化用自歌德在《浮士德》第一部中对甘泪卿的两种描绘：墨菲斯托菲勒斯的"无罪的小东西"和浮士德的"不祥的天使"。

第二段《共产党宣言》中的"魔法师"典故出自歌德的诗作《魔法师的学徒》，在原诗中，学徒召唤出了他无法控制的精灵，最后依靠师父即"魔法师"的帮助才挽救危局。

第三个例子中，彼得·施莱米尔是夏米索的小说《彼得·施莱米尔奇遇记》中的主人公，他为了金钱出卖自己的影子，但并不愿意出卖自己的灵魂。马克思在这里有意反向而行之：金子是没有灵魂的东西，它用自己的影子（即作为价值符号的货币）去购买物品。

在马克思的写作中，这样的隐喻随处可见，比如，"美杜莎的头""柏修斯的隐身帽""斯芬克斯之谜""迈达斯的驴耳朵""特洛伊木马""两副面孔的雅努斯""脱离母亲就失去巨大力量的巨人安泰""高悬于顶的达摩克利斯之剑""斩断戈尔迪之结"……一方面，作为作者，离开了这些典故，马克思的文字力量估计会大大减退。另一方面，作为读者，如果不知道这些典故，我们今天去读马克思所领略到的魅力也将大打折扣！

可见，技多不压身，没事多跨界！不是搞经济的就只学经济，搞数学的就只弄数学，学理工科的就不理文科，在大学多读点人文经典，总是开卷有益。

马克思的专业是法学，到柏林大学后，除了搞创作，马克思更重要的一项工作还是完成专业的学习。不过马克思对什么刑事法、民商法等具体法律并不感兴趣，而是被哲学所吸引。于是他一头扎进了书海中，试图创造出一种法的哲学。

马克思读起书来肯定是勤奋的，到了柏林大学，他竟因疯狂读书导致大脑加载过度——"死机"了。1837年夏，马克思重病了一场，不得不遵照医生的建议到柏林郊区施特拉劳渔村休养。这恐怕就是从王国维在《人间词话》中所讲的第一境界——昨夜西风凋碧树，独上高楼，望尽天涯路，进入了第二境界——衣带渐宽终不悔，为伊消得人憔悴。

重病的马克思都没选择平躺休养，反而很快进入读书第三境界——众里寻他千百度，蓦然回首，那人却在，灯火阑珊处。在病床上马克思对黑格尔的著作和他大部分弟子的著作开展了深入研究。说到这，不得不佩服马克思读书确实是一把好手。喜好读书的人不少，但喜欢的同时又能读得好的就少见了。马克思就是少见中的佼佼者。他在生病期间几个月就把黑格尔哲学的套路给摸清了！简直就是奇迹，要知道我们现在很多人坐十年冷板凳也不见得能完全搞明白。

深入研究黑格尔著作之后的马克思迅速找到了新的神——黑格尔哲学。事实上，一开始马克思对黑格尔并不"感冒"，甚至有点憎恶，觉得他的调子有点离奇古怪，他的"学术偶像"是康德和费希特。但研究来研究去，马克思竟然"迷上"了黑格尔哲学。当然，这种"迷"不是脑残粉的"迷"，而是深入研究基础上的被吸引。他感觉到康德、费希特的体系本质上十分空洞，只有依靠黑格尔哲学才能解决现实的东西和应有的东西之间的矛盾，才能指引他在研究法哲学的问题上进一步前进。总之，选择黑格尔哲学是马克思青年时代思想发展的一个重要转折点，他从浪漫的唯心主义转向了理性的唯心主义。

成为黑格尔"粉丝"之后，马克思就加入了一个叫"博士俱乐部"的组织，这是当时青年黑格尔派搞的，主要活动就是运用黑格尔的辩证法，开展宗教和政治批判。在"博士俱乐部"这个圈子中，主要有阿道夫·鲁滕堡（一个刚被解职的地理学教师，后来马克思推荐他去了《莱茵报》任主编）、卡尔·科本（历史学教授，1840年出版了《弗里德里希大帝和他的反对者》，这部著作献给了马克思）、爱德华·梅因（一个撰稿人）等人。除此之外，最重要的一位是布鲁诺·鲍威尔，柏林大学的神学讲师、青年黑格尔派的领军人物。他将参与马克思接下来4年的人生规划。他还有一个弟弟埃德加尔·鲍威尔，也是青年黑格尔派成员。

博士俱乐部的这些人都比马克思大十多岁，马克思论年龄算是地地道道的小弟。不过，马克思再次因知识渊博，思想敏锐，见解深刻迅速成为博士俱乐部的中心人物，即使他是年纪最轻的。这些人都是马克思曾经的

"同路人",只不过没过两年他们之间友谊的小船就要翻了,原因在于思想观点的分歧。这是马克思的个性所在,道不同绝不为谋。

马克思在读黑格尔哲学的同时,也在思考自己的人生:自己的才能是否足以实现儿时的抱负?是否甘于过平庸的生活?是否能够放弃所有? 17 岁中学毕业中提到的那些问题再次出现在马克思脑海中。此时的马克思在茫茫书海中与黑格尔哲学对话寻找着人生的答案。在认真审视自己的内心后,迷上哲学的马克思动了转专业的心思。他来到了人生第一个重要的十字路口:是遵从父母的意志,继续读法律,还是听从自己的内心,转向哲学?他提笔给父亲写了一封信表达自己的愿望。马克思真的是幸福的,因为老马克思居然同意了!无论东方,还是西方,作为父母都很难摆脱"望子成龙"的传统观念,但马克思的父亲与常人不同,他不是庸俗之辈,他有着宽广的胸怀,有着高尚的追求。正是在此意义上,马克思的人生才有了较高的立足点,也才能顺着为国为民为人的道路走下去。当然,父亲肯定不希望自己的孩子漂泊一生。不过,马克思这个父亲可能太过于了解自己的孩子,似乎有预感似的,在马克思仅 18 岁的时候就对他的未来表示了担忧。1836 年 11 月他给马克思的回信中,如此告诫道:"你来日方长,你将为你自己和你的家庭的幸福,如果我的预感没有错的话,也将为人类的幸福而生活。"

父亲的存在还给马克思的大学生活提供了一张稳定的"长期饭票",从波恩到柏林,老马克思常常在收到家书的同时也少不了账单。看着寄到家里的一摞摞账单,老马克思十分生气,对儿子发出了警告:"就好像我们是金子造的一般,儿子先生,你违背所有协议、不顾所有习俗,一年里花掉 700 塔勒,而最富有的人也不过才花 500 塔勒。为什么?说良心话,你不是个浪费的人,也不是个挥霍的人。但一个人,如果他每一周或每两周就发明新的(哲学)体系,来取代以前的千辛万苦得出的成果,那他又怎么能屈尊降贵，做些琐碎的小事呢？他怎么会在意自己过得是不是有条理呢？所有人都从他那里揩油，大家都骗他……不过那有什么关系，因为会有新的汇款马上签出。"700塔勒，什么概念？马克思后来做《德法年鉴》主编，年薪也就500塔勒。

如果马克思的老父亲身体好，多活几年，马克思的日子估计会好过一点。但这种日子很快就到头了。1838年5月10日，61岁的亨利希因结核病去世，这位在物质上和精神上都给予马克思指导的父亲再也不能给马克思支付账单、点亮前行的路。遗憾的是，马克思没有来得及回去参加葬礼；但不遗憾的是，他送了父亲最后一程，在父亲去世前三天，他刚离开特里尔。

父亲去世后，马克思毫不犹豫地放弃了成为律师的职业规划，转而投向新的梦想：成为哲学教师。老马克思的去世，让马克思一下感觉到了工作挣钱的紧迫性。他必须要自己挣钱养活自己。找一份什么样的工作呢？到大学任教是不错的选择。这是鲍威尔给的建议。1939年鲍威尔离开柏林到了波恩大学后，开始为马克思做计划，希望后者能前往波恩与自己一起工作，并告诉他招聘的条件，甚至给马克思规划了未来可以讲授的课程。他写信给马克思说："如果你献身于具体性的职业，那将是愚蠢的。当前，理论是最富有实践性的职业，我们根本不能预料它将在多大程度上成为实际有用的。"欲成为一名大学教师，首要的条件就是要先有学历文凭，需要完成博士论文。为此，马克思在1839～1840年初一直忙于写博士论文。

缺席拿到的博士学位

1841年4月15日，马克思缺席拿到耶拿大学正式授予的哲学博士学位，那一年马克思还不到23岁。

什么，缺席就能拿博士学位？马克思上的难道是野鸡大学吗？当然不是。

授予马克思博士学位的耶拿大学可不是什么"虚假大学"。耶拿大学，即今天的席勒大学。因著名诗人、德国启蒙文学的代表人物弗里德里希·席勒曾执教于此，1934年该校为纪念他而改名为弗里德里希-席勒-耶拿大学。这所学校底蕴深厚，创立于1558年，是德国最古老的大学之一。该所大学除了马克思外，还能列举诸多名人：莱布尼茨、费西特、莱茵霍尔德、谢林、黑格尔、福斯特等。1819年德国文学泰斗歌德成为耶拿大学有着特殊历史意义的监管人。歌德曾经称赞耶拿大学是德国"知识和科学的集散地"。这样一所大学绝不是某些恶评者口中的"虚假大学"，那些人不是孤陋寡闻，就是心怀鬼胎。

耶拿大学，是当时德国唯一一所既不要求住校也不需要个人到场做正式答辩就可以接受并通过论文的大学。听起来有点太随意，是不是意味着论文很水就可以拿博士学位呢？绝非如此。耶拿大学不是贩卖文凭的工厂，它有自己的学术底线。作为一所有声望的正规大学，能在该校通过的博士论文，都是内容丰富、学术性强的作品，作者也都是怀有从事学术职业的强烈愿望的人。当时主持论文鉴定工作的耶拿大学哲学系主任卡尔·弗里德里希·巴赫曼教授对这篇论文非常赞赏，给出了作者"不仅有才智、有洞察力，而且知识广博"的评议意见。

马克思是在柏林大学学习的哲学，为什么他会在耶拿大学答辩拿学位呢？在耶拿大学拿到博士文凭是按照当时布鲁诺·鲍威尔给马克思制定的职业规划的最关键一步。鲍威尔如此解释他的建议：耶拿大学的空气更加自由，而柏林却变得越来越保守，马克思的思想立场与耶拿大学的风格更为接近，论文获得通过的可能性比较大。一旦马克思获得博士文凭，鲍威尔便可以推荐马克思在波恩大学谋取一个教职。

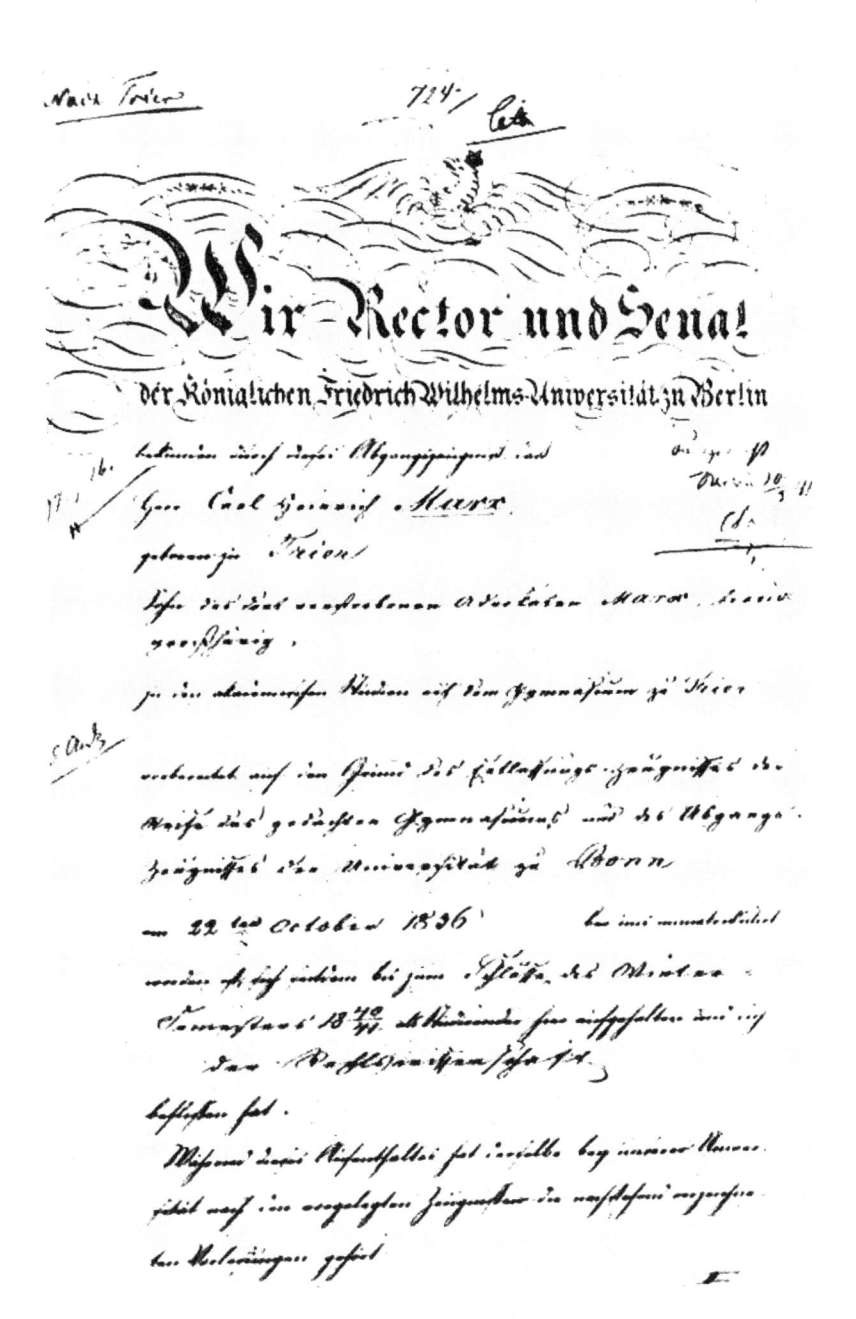

马克思的大学毕业证书

QUOD
FELIX FAUSTUMQUE ESSE IUBEAT
SUMMUM NUMEN
AUCTORITATE
HUIC LITTERARUM UNIVERSITATI
AB

FERDINANDO I

IMPERATORE ROMANO GERMANICO
ANNO MDLVII CONCESSA
CLEMENTISSIMIS AUSPICIIS
SERENISSIMORUM
MAGNI DUCIS ET DUCUM SAXONIAE
NUTRITORUM ACADEMIAE IENENSIS
MUNIFICENTISSIMORUM
RECTORE ACADEMIAE MAGNIFICENTISSIMO
AUGUSTO ET POTENTISSIMO PRINCIPE AC DOMINO

CAROLO FRIDERICO

MAGNO DUCE SAXONIAE VIMARIENSIUM ATQUE ISENACENSIUM PRINCIPE LANDGRAVIO THURINGIAE
MARCHIONE MISNIAE PRINCIPALI DIGNITATE COMITE HENNEBERGAE
DYNASTA BLANKENHAYNII NEOSTADII AC TAUTENBURGI
PRORECTORE ACADEMIAE MAGNIFICO
VIRO PERILLUSTRI ATQUE AMPLISSIMO

ERNESTO REINHOLDO

PHILOSOPHIAE DOCTORE ARTIUMQUE LIBERALIUM MAGISTRO
MAGNI DUCIS SAXONIAE VIMARIENSIS ET ISENACENSIS A CONSILIIS AULAE INTIMIS PHILOSOPHIAE PROFESSORE PUBLICO ORDINARIO

DECANO ORDINIS PHILOSOPHORUM ET BRABEUTA
MAXIME SPECTABILI
VIRO PERILLUSTRI ATQUE EXCELLENTISSIMO

CAROLO FRIDERICO BACHMANNO

PHILOSOPHIAE DOCTORE
SERENISSIMI DUCIS SAX. ALTENBURGENSIS A CONSILIIS AULAE INTIMIS MORALI SCIENT. POLITICIS PROFESSORE PUBLICO ORDINARIO INSTITUTORUM
MAGNO DUCIS MINERALOGICORUM DIRECTORE INSTITUTI HISTORICI PHILOSOPHICI SOCIETATI MINERALOGICAE VINDOBON. METROPOLITANAE MINERALOGICAE
REGIAE DRESDENSIS MINERALOGICAE JENENSI LATINAE PARISIENSIS ARTIUM ET SCIENTIARUM MONACENSI ET REGIAE ARTIUM AMICIS ET LITTERARUM
CAMPOVIVENSIS SCIENTIARUM ET ARTIUM ANTVERPIENSIS MEDICORUM ET PHYSICORUM BRUXELLENSIS DOCTRINARUM DE RERUM NATURA
PHILADELPHIENSIS IN AMERICA SEPTENTRIONALI ET LATINAE JENENSIS ALTARIMQUE E SOCIO

ORDO PHILOSOPHORUM
VIRO PRAENOBILISSIMO ATQUE DOCTISSIMO

CAROLO HENRICO MARX

TREVIRENSI
DOCTORIS PHILOSOPHIAE HONORES
DIGNITATEM IURA ET PRIVILEGIA
INGENII DOCTRINAE ET VIRTUTIS SPECTATAE INSIGNIA ET ORNAMENTA
DETULIT
DELATA
PUBLICO HOC DIPLOMATE
CUI IMPRESSUM EST SIGNUM ORDINIS PHILOSOPHORUM
PROMULGAVIT
IENAE DIE XV M. APRILIS A. MDCCCXLI

TYPIS BRANII

*

马克思的博士学位证书

马克思的博士论文题目很长:《德谟克利特的自然哲学和伊壁鸠鲁的自然哲学的差别》,原文是德文、古希腊文和拉丁文。论文有三个关键词:德谟克利特、伊壁鸠鲁和自然哲学。德谟克利特和伊壁鸠鲁都是古希腊哲学家,自然哲学是他们的一个研究方向。自然哲学主要讨论的是世界的起源和构成。在自然哲学方面,德谟克利特和伊壁鸠鲁这两位古希腊哲学家都认为物质是由微小的、不可再分的原子构成的,物质能够变化和运动是因为原子本身的运动,那么,原子运动究竟是什么样的呢?两位哲学家给出了不同的解释。德谟克利特认为原子的运动是沿着既定轨道进行的直线运动;而伊壁鸠鲁则认为原子的运动是包含偶然性的偏斜运动,它有可能会离开既定的轨道。马克思的博士论文就是对二者原子论的异同关系展开了全面研究。

如果是今天答辩,马克思极有可能遭遇的问题就是:"为什么要选这么一个选题呢?论文有何创新?"

答:"论文主要揭示了伊壁鸠鲁原子学说的积极意义和辩证法因素,最大创新点就是突破了旧的观点,第一次深刻阐释了伊壁鸠鲁的自然哲学不是德谟克利特的翻版,而是它的创造性发展,并在此基础上首次揭示了伊壁鸠鲁关于原子偏斜说的哲学意义,深刻地分析了人和客观现实、哲学和客观世界的辩证关系。伊壁鸠鲁用原子脱离直线作偏斜运动的论点纠正了德谟克利特的机械决定论,打破了命运的束缚,从中可以揭示个人的意志自由、个性和独立性。"

现在很多学生在写毕业论文时,关于"创新意义"这一块最常用的套路就是"填补了空白",但要知道学术空白的填补绝不是那么容易。不过,马克思的这篇论文可以自信地说填补了空白。

在博士论文中,马克思还宣扬彻底的、战斗的无神论观点,批判了宗教神学这一德国当时的封建统治及其精神支柱,并再次向世界宣告了自己的初心。马克思把普罗米修斯的自白"我痛恨所有的神"作为哲学的格言，明确反对一切天上的和地上的神，要求把人从宗教的束缚下解放出来。这是马克思第一次表达对普罗米修斯的敬意。普罗米修斯是马克思最爱的作家埃斯库罗斯笔下的神话人物，是为了人类的幸福和解放而盗火受苦的神。在希腊神话中，普罗米修斯属于泰坦神系一族，受到了以宙斯为代表的奥林匹斯神的排挤。他看到人类生活在寒冷和黑暗中，就从天上盗取了火种送给人类，使人类从此告别茹毛饮血的时代，不必再惧怕黑夜和寒冷；不仅如此，普罗米修斯还教给人类各种生存的技能。但为此他受到了宙斯的惩罚，被捆缚在高加索山的巨石上，受烈日暴雨和老鹰啄食肝脏的痛苦。普罗米修斯可以说是希腊神话里代表抗争和不屈服的神。

24岁大学毕业的马克思借用"普罗米修斯"再度奏响了17岁中学毕业时许下的"初心"。这时的他手握着黑格尔哲学，站在激进的革命民主主义立场上，渴望投入现实的激流中去搏斗一番。现实生活世界的大门将要向他打开了，那会是一个怎样的世界呢？

第三章 媒体人的经历与思想难题

1842年4月,博士文凭并没有让马克思有"春风得意马蹄疾,一日看尽长安花"的那份狂喜,相反,他陷入了困境——毕业即失业,没有如愿取得大学教职。一时处于失业的他,不得不回家"啃老",但母亲显然不满,1842年6月底,两人大吵一架,母亲一怒之下断绝了马克思的一切经济援助,并把他赶出家门。必须赶紧找个工作的马克思成为《莱茵报》的编辑,这是他人生的第一份工作。这样一份工作对于马克思的人生发展是关键的,它开启了马克思人生的新篇章——从象牙塔投身到革命的实践之中。现实的洪流将推动马克思快速地成长。

媒体人：人生的第一份工作

先成家还是先立业，这是个问题。1841年，此时马克思和燕妮虽然已订婚5年，但是目前人还在江湖漂泊，没有固定工作，怎么成家？此时的马克思渴望一份工作。他需要稳定的经济基础，从而可以有底气地去践行自己对燕妮的承诺，并堵上燕妮周围亲戚的悠悠之口。但是，获得了博士毕业证书的马克思终究是没有按照他父亲给他的剧本开启人生，甚至都没有按自己的剧本打开，陷入了毕业即失业的困境之中。为了寻找工作，这一时期的马克思辗转于特里尔、科隆、波恩三地。

本来马克思是有着明确的远景规划的，获得博士文凭，发表自己的博士论文，再跟鲍威尔一起创业，办一份报纸，顺利进入高校成为一名"青椒"，并迎娶心上人。完美！但现实往往南辕北辙。博士文凭还没有揣进口袋，马克思计划的一切就破产了。因为那个鼎力支持他的鲍威尔不能给他提供支持了。1841年夏天，艾希霍恩代替原本庇护鲍威尔的文教大臣阿尔坦施泰因，成为新任领导。在他的压力下，各大学神学系对鲍威尔开始了"讨伐"。集体围攻之下，鲍威尔的好日子结束了，变得自身难保。1841年9月，鲍威尔参加了一次自由主义者的示威游行并针对新闻审核发表了反对演说。这给了当局最好的"把柄"，暂停了他在大学里担任的一切职务。1842年5月鲍威尔被解除了波恩大学的教职，马克思的大学教师之路被彻底堵死了。

既然进大学泡汤了，博士论文自然也不用出版了。那原有就业计划中的创业办报纸还需要进行吗？没可能也没有必要了。新国王弗里德里希-威廉四世打着"捍卫"出版自由的旗号颁布了一项书报检查令。检查令一下，要新创办报纸就变得很难了。与此同时，一些报刊受到检查令的波及，其中包括卢格的《哈雷年鉴》，该刊不得不迁到德勒斯顿，并改名《德意志年鉴》。迁走后的《德意志年鉴》变得更激进了。这一变化使得马克思和鲍威尔觉得，可以省去办报纸宣扬政治的主张，给它撰稿就可以了。

1842年初，马克思给《德意志年鉴》写了一篇关于书报检查令的文章——《评普鲁士最近的书报检查令》。这是马克思第一篇政论文章，强烈谴责了该检查令不是国家为公民自由团结而颁布的法律，而是取消人民在一切法律面前平等的法律。在当时，争取出版自由是反对普鲁士专制制度、争取自由和民主的主战场之一。马克思的文笔十分好，格言、比喻、拟人、排比、重复、递进、对比等多种修辞方法，让文章充满了战斗力，不得不感叹马克思真是一个语言大师。采撷两段感受一下年轻的马克思如何用辛辣的语言炮轰书报检查令：

"你们赞美大自然令人赏心悦目的千姿百态和无穷无尽的丰富宝藏，你们并不要求玫瑰花散发出和紫罗兰一样的芳香，但你们为什么却要求世界上最丰富的东西——精神只能有一种存在形式呢？我是一个幽默的人，可是法律却命令我用严肃的笔调。我是一个豪放不羁的人，可是法律却指定我用谦逊的风格。一片灰色就是这种自由所许可的唯一色彩。每一滴露水在太阳的照耀下都闪现着无穷无尽的色彩。但是精神的太阳，无论它照耀着多少个体，无论它照耀什么事物，却只准产生一种色彩，就是官方的色彩！精神的最主要形式是欢乐、光明，但你们却要使阴暗成为精神的唯一合适的表现；精神只准穿着黑色的衣服，可是花丛中却没有一枝黑色的花朵。

……

书报检查制度的出发点是：把疾病看作是正常状态，把正常状态即自由看作是疾病。书报检查制度老是要新闻出版界相信自己有病，即使新闻出版界提出自己身体健康的确凿证明，也必须接受治疗。但是，书报检查制度甚至还不是一个按照病情使用不同内服药物的高明医生。它只是一个乡下的外科郎中，治疗一切病症都用那唯一的万能工具——剪子。它甚至还不是一个想使我康复的外科郎中，它是一个施行外科手术的唯美主义者；我身上的东西只要它不喜欢的，它就认为是多余的，它认为不顺眼的地方，就都除去。它是一个江湖医生，为了不看见疹子，就使疹子憋在体内，至于疹子是否将伤害体内纤弱的器官，他是毫不在意的。"

不过随着检查令收紧这篇文章并没有如此发表。卢格提出了另一个让这篇文章面世的方案：把《德意志年鉴》被查禁的文章集结为《哲学轶文集》在瑞士出版，但是马克思不能署上自己的名字。马克思显然不同意这种匿名的行为。就如后来《共产党宣言》中宣称的一样——"不屑于隐藏自己的观点和意图"。马克思一生亦是如此，光明磊落，坦坦荡荡。最终这篇文章1843年发表在以书代刊的《德国现代哲学和政论界轶文集》第1卷。这篇文章开启了马克思新的就业方向，到报社去，成为一名媒体人。这既是马克思人生中第一份工作，也是马克思一生的主要战场。

为媒体人马克思正式办理入职手续的报刊是《莱茵报》。《莱茵报》是当时的青年黑格尔派荣克和赫斯在科隆一起办的一份具有反对专制倾向的报纸。当时莱茵地区是普鲁士工业最先进的地区，新兴的资产阶级需要有自己的发声平台，以反对专制，捍卫拿破仑法典和法律面前一切公民一律平等的基本原则。利用这一点，荣克和赫斯说服了很多有钱的自由主义者投资这个报纸。1842年1月，《莱茵报》顺利创刊。可能有人会疑惑，当时书报检查令下马克思原计划创办的报纸都流产了，《莱茵报》又是如何拿到"准生证"的呢？因为新国王弗里德里希-威廉四世为体现自己的"开明"，发表声明说他欢迎能提出适当主张的反对派。于是，这个由对普鲁士专制政体抱有反对情绪的莱茵省资产阶级人士创办的《莱茵报》降生了！

一开始，马克思只是为《莱茵报》撰稿。从1842年3月开始，围绕当时社会热点，马克思写了多篇稿子。在《莱茵报》上发表的第一篇是《第六届莱茵省议会的辩论（第一篇论文）·关于新闻出版自由和公布省等级会议辩论情况的辩论》。巧的是发表日期为5月5日，恰好是马克思24岁的生日。行家一出手就知有没有，马克思就像太阳，他一出现，其他星星就暗淡了下去。这篇稿子迅速得到同行的高度认可。荣克评论说："你的关于出版自由的文章是一流的。"卢格说："你在报上关于出版自由的评论妙极了。它毫无疑问是有关这一主题的最好的文章。"如果你知道马克思是在何等情况下写出这些文章的，应该会为他的理论思维能力点个赞。1842年3月，敬爱的岳父去世；6月底，跟母亲大吵了一架，经济上断了"供"，还被赶出家门。

　　就当时《莱茵报》的发行量而言，即使它有点什么"出格"的言论，政府也不太紧张，因为它发行量太小，不到1000份，实在不足以产生什么轰动效应。1842年8月6日总督沙佩尔的报告中这么描述它："老资格的《科隆日报》销售额为8300多份，而《莱茵报》，根据其零售情况来看，销售额不会超过850份，它的广告收入也微乎其微，因此可以认为，它的收入还不够支付昂贵的印刷费用。"

　　不过，当马克思升为《莱茵报》的领导后，这一切很快就要改变了。

"火箭升迁"的主编

　　《莱茵报》出版人奥本海姆在1842年7月4日的来信中邀请马克思入伙："至今我们已经有841户订户了。我们可爱的科隆是冥顽不化的——您相不相信，如果在标题下署上您的名字，那会引起轰动？对此您有什么看法？"报纸销量不佳，出版人着急了，需要马克思出马力挽狂澜。

事实上，1841年9月在创刊准备的过程中，荣克和赫斯就特别希望马克思能够加入。这不是因为马克思有钱，而是马克思有才。如果那个时候有朋友圈，"集赞"一下朋友们眼中的马克思，得到的也许就是如下的画面：

1. **楼赫斯**："一位最伟大的哲学家，也许是当今活着的唯一的真正的哲学家。这位哲学家一旦崭露头角（在报刊上和台上），很快就会把德国人的目光吸引到自己身上。他无论按其思想倾向来说还是按其哲学修养来说，都不仅超过了施特劳斯，而且超过了费尔巴哈，而后面这一点是很说明问题的！如果我在波恩，他讲授逻辑学时，我将会成为他最勤奋的听众。我一直盼望有这样一个人做哲学教师。现在我才感到，在真正的哲学中我是个地道的门外汉。不过耐心点！我现在还能学到些东西！马克思博士——这是我所崇拜人的名字——还是个十分年轻的人（至多不过24岁），他将给中世纪的宗教和政治以致命的打击。他把最深刻的哲学的严肃性同最机敏的智慧结合起来了。设想一下，如果把卢梭、伏尔泰、霍尔巴赫、莱辛、海涅和黑格尔合为一个人（我说的是结合，不是凑合），那么，结果就是一个马克思博士。"

2. **楼荣克**："马克思博士、鲍威尔博士和路·费尔巴哈正联合创办一家神学-哲学杂志，至少马克思会把基督教称为最不道德的宗教之一，不过他虽然是个完全无所顾忌的革命者，但却是我所认识的头脑最敏锐的人之一。"

3. **楼科本**："一个真正的思想的宝库，一个真正的思想的工厂，布鲁诺·鲍威尔的《我们时代的基督教状况》——青年黑格尔派第一篇直接谈论政治的文章——大部分借助了马克思的思想。"

4. **楼梅因**："最近我认识了一位很能干的黑格尔分子——马克思，科本的论弗里德里希大帝的那本书就是献给他的，他是布鲁诺·鲍威尔的亲密朋友。他能够而且必定还会有所成就。因为他不仅富有才智，而且具有坚强的毅力。"

这么优秀的马克思，《莱茵报》非常期待他的加入。而同时，马克思还对《莱茵报》怀有愧疚之心，因为报纸的现任主编鲁滕堡是他推荐的。创刊时《莱茵报》主编的最佳人选应该是赫斯，但是投资人说这个人革命性太强，不能当主编，建议由当时著名的经济学家弗里德里希·李斯特担任。不过李斯特身体不好，于是他的追随者古·赫夫铿成了首任主编。但由于与股东们意见不合，在任18天便辞职了。这时候马克思推荐了他在柏林大学时的青年黑格尔派朋友阿·鲁滕堡接替了主编职务。但是，鲁滕堡并不能胜任领导报纸的工作，《莱茵报》逐渐被柏林青年黑格尔派的小团体"自由人"控制了版面，他们的文章除了千篇一律的慷慨激昂的词句外，很少提出具体问题。报纸的订户急剧下降。马克思深知这一情况，也表示过担忧。他说："鲁滕堡使我的良心感到不安。我把他引进《莱茵报》编辑部，而他根本不能胜任，早晚他会被赶走的。"一语成谶，鲁滕堡很快就从领导岗位上"下课"了，马克思正式成为《莱茵报》的新任领导。这是1842年的10月，距离马克思接到邀请成为编辑不过短短两个月的时间，可以说是火速提拔。

当时《莱茵报》要打开销路，首先要解决的根本性问题是：究竟是撰稿人领导报纸，还是报纸领导撰稿人。这是鲁滕堡没有解决的问题。对此，马克思一针见血地指出："我认为必须做到的是，不要让撰稿人领导《莱茵报》，而是相反，让《莱茵报》领导撰稿人。上述那一类文章，提供了一个给撰稿人指出明确行动计划的极好机会。单单一个作者是无法像报纸那样掌握全盘的。"一句话，马克思就指明了《莱茵报》未来发展方向，同时还确定了现代新闻业的一个基本原则。这时，马克思天生的领袖气质再次展现。如果大家还记得马克思的大学经历，就更加能体会：一是在波恩加入特里尔同乡会,很会就成为主席;二是进入博士俱乐部,迅速成为领风者。气质这种东西,可能从小就养成了。在家里的诸多姐妹中,卡尔总是那个领头的。

带着"让《莱茵报》领导撰稿人"的原则,马克思走马上任。"新官上任三把火",马克思上任后的第一把火就引起了当时国王的特别关注。10月20日,在马克思的领导下,《莱茵报》刊登了政府一项改革离婚法案的计划。这项计划是十分秘密的,但居然被《莱茵报》率先报道了。一定有人泄密!国王弗里德里希-威廉四世得知此事,十分震怒,亲自过问:"《莱茵报》已率先发表法律修订部起草的婚姻草案,朕已知悉,其他报纸已从该报转载。该报编辑部想必是因官方之玩忽职守,而知晓本草案的;故此,朕不能听之任之,必予追究和处罚。"虽然马克思这把火给《莱茵报》带来了政治危险,但改变了《莱茵报》的"气质",由一家自由资产阶级反对派的报纸变成了具有鲜明革命民主主义倾向的人民喉舌。

随后马克思又主笔写了一系列关注现实问题的"10万+"的爆文,如《第六届莱茵省议会的辩论(第三篇论文)·关于林木盗窃法的辩论》《共产主义和奥格斯堡〈总汇报〉》《摩泽尔记者的辩护》等,引发了强烈的社会反响,报纸销量大增。马克思上任短短两个月,发行量从800多份猛增至3400份,一下扭亏为盈,股东们乐坏了。

股东们乐坏了,却愁坏了政府当局。必须要对《莱茵报》给予"特别关照",严防死守不合时宜的文章被马克思给刊登出来。但最好的防就是查封。如果仅仅是政治倾向的问题,可能还不会让这份报纸那么快被查封。随着报纸销量越来越大,影响力越来越广,政府决定"痛下杀手"。1843年1月20日,普鲁士政府通过了从4月1日起查封《莱茵报》的决定。这期间,虽然《莱茵报》编辑部和股东们还做过垂死挣扎,组织了千人请愿,甚至试图以牺牲马克思挽救,但最终还是没能成功。1843年3月31日,报纸出版了最后一期。

1843 年 3 月 18 日，马克思在即将被关停的《莱茵报》上留下了最后的告别：

> **Erklärung.**
> Unterzeichneter erklärt, daß er der jetzigen Censurverhältnisse wegen aus der Redaktion der "Rheinischen Zeitung" mit dem heutigen Tage ausgetreten ist.
> Köln, den 17. März 1843.   Dr. Marx.

*

马克思退出《莱茵报》的声明

本人因现行书报检查制度的关系，自即日起，退出《莱茵报》编辑部，特此声明。

马克思博士

1843 年 3 月 17 日于科隆

马克思离开后，最为开心的就是书报检查官。曾经因为他，他们的工作量增加了不少，现在终于可以松一口气了。"今天形势完全变了。整个报纸的精神领导者马克思博士17日终于退出了编辑部。接任编辑职务的是奥本海姆，一个极其温和而又无足轻重的人物。他就任时热切希望能把该报办下去（因为他一向希望该报不要停刊），希望能主持该报。我对这种情况感到十分高兴，今天我用于书报检查的工作时间几乎不到先前所用时间的四分之一。"书报检查官圣保罗如是说。

虽说《莱茵报》的主编是个短命的职位，在任最长的也不过几个月，但这丝毫不影响马克思魅力的发挥。马克思的才华是闪耀着光芒的那种。他凭借出色的写作才华和卓越的领导力不仅使得报纸销量突飞猛进，而

第三章 媒体人的经历与思想难题 _055

被缚的普罗米修斯（19世纪40年代的版画），图中被缚的普罗米修斯暗喻被普鲁士当局查封的《莱茵报》

且还吸引了他所攻击的上层人士，其中就包括后来成为普鲁士首相的鲁道夫·康普豪森。1848年4月，就是《共产党宣言》发表的同一年，康普豪森被任命为普鲁士总理大臣。上任后，他马上预留了一个幕僚职位给马克思，希望他能够出任财政部长或者国家银行行长。多令人艳羡的职位，一旦就任就可以成为别人口中的"人生赢家"。缘何这位首相如此看重马克思呢？凭的就是《莱茵报》期间马克思的惊人表现。只不过，此时的马克思已经不再是五年前的马克思了，他已经超越了自由主义，走上了共产主义道路，与康普豪森的追求格格不入了。所以，不用说，马克思干脆利落地拒绝了这份通往权力之门的"offer"，否则也就没有后面贫困的马克思写《资本论》的故事了。

第一份工作的"困惑"

《莱茵报》的经历是马克思人生和思想上的一大转折点。退出《莱茵报》后，24岁的马克思不仅步入了婚姻殿堂，也步入了自己理论创作的黄金时代，而开启这个黄金时代的钥匙恰恰就是《莱茵报》这段媒体人的经历。大学时期的马克思虽然关注现实，但始终身处象牙塔之中，《莱茵报》是马克思人生第一回直面社会现实。直面现实后的马克思，既收获了成长，更有着深深的"困惑"。

作为媒体人的马克思切切实实到现实人间走了一遭。经历过后，马克思还是那个17岁的马克思，初心未改。

有人说人类的悲喜并不相通，但在马克思那里却是可以感同身受的。出身中产阶级的他在面对摩泽尔地区贫困人民的遭遇和处境时，无法保持淡定，他悲伤地说道："谁要是经常亲自听到周围居民在贫困中发出的毫无顾忌的呼声，他就容易失去美学家那种善于用最优美、最谦恭的方式来表述思想的美学技巧,他也许还会认为自己在政治上有义务暂时公开地使用那种在贫困中产生的民众语言,因为他在自己的故乡每时每刻都无法忘记这种语言。"

马克思因为媒体人的经历颠覆了他象牙塔里的虚幻王国,黑格尔哲学武器失灵了,他要寻找新的理论武器去为人类解放而奋斗。

我们知道没有政治经济学的研究,就没有马克思主义。学哲学的马克思是如何转向政治经济学研究的呢?一个重要的触点就是媒体人的这段经历向他提出了这一现实课题。第一次直面严酷的社会经济生活的马克思产生了"苦恼的疑问"。第一个疑问就是"物质利益的难题"。正如前面所讲,大学时代的马克思和青年黑格尔派的其他成员一样,认为思想、观念而非物质力量主宰着历史的发展,国家决定市民社会,国家是政治的和法的理性的体现,是整个社会的统一利益的代表。然而在现实中这一切并不是如此。林木盗窃法案和摩泽尔地区农民处境问题充分说明了现实中的人并不是基于理念思考问题,都是从利益出发的。

当时普鲁士的所有起诉案件中,六分之五涉及的都是林木盗窃罪。在莱茵省,这个比例更高。为什么有这么多人都去偷林木,难道当地盛产黄花梨、红木、乌木、楠木等名贵木材?非也。"盗窃"林木的都是当地的穷苦人民,他们为了应对饥寒捡拾了从树上掉落的枯枝。捡拾枯枝也是"盗窃"?对,就是盗窃。莱茵省议会视而不见穷人悲惨的生活境况,把在森林捡拾枯枝或采摘野果的行为定为"盗窃",要和盗伐活树受到同样的处罚。一名贵族在莱茵省议会上如此辩解:"这正是因为偷窃林木没有被当作一种盗窃罪,所以它才经常发生。"自然脱落的枝叶被当成私人财产加以保护,穷人却被当成枯树抛弃,真是大开眼界!这不就是我们所读过的"苛政猛于虎"吗?黑格尔老师不是这样教的啊,他不是讲国家和法应该代表着正义吗?为什么会发生这样的现象?马克思的"三观"被颠覆了。他开始深入地思考：究竟是哪里出了问题？是黑格尔的理性国家观出了问题。正如多年后他自己回忆的那样，正是在担任《莱茵报》的编辑期间，他首次接触了"社会问题"，这使他对现实产生了"苦恼的疑问"：到底是国家决定市民社会，还是市民社会决定国家？正是为了解决这一苦恼的疑问，马克思才开始进一步深入研读黑格尔法哲学，才认识到不是国家决定市民社会，而是市民社会决定国家，才从纯政治转向经济关系研究。正是在政治经济学的研究中，马克思终于找到了问题的实质、症结和解决思路。

马克思在《莱茵报》工作期间遇到的第二个令他"苦恼"的问题是共产主义问题。马克思不是一接触共产主义就立马爱上共产主义的，恰恰相反，一开始在《莱茵报》期间马克思首次深入接触共产主义理念时，他的看法是负面的，认为这只不过是当时"自由人"团体搞的吸引眼球的噱头而已。"自由人"团体的前身就是马克思活跃过的"博士俱乐部"。这群人"雷声大雨点小"，只是口号喊得响，并没有什么实际行动。所以，他们口中的"共产主义"，马克思特别不待见。当科本、梅耶、施蒂纳等人把他们的稿子投过来时，马克思把它们"毙掉"了，同时发表声明公开表示这类稿件统统不用。他们写的关于宗教的批判已经不符合德国现实问题的需要，而且不指涉政治批判的文章既没有任何理论上的建树也不符合《莱茵报》的定位。就因为"自由人"团体的问题，马克思与鲍威尔决裂了，也错过了恩格斯。马克思希望鲍威尔中断与"自由人"团体的联系，但鲍威尔没有与马克思站在同一战线，反而转身支持"自由人"团体，他们之间分道扬镳了（当然分道也是迟早的，鲍威尔自从被解除教职后，越来越脱离政治以逃避现实，这不是马克思的风格）。当时恩格斯来到《莱茵报》的编辑部荐稿，想见一下主编，马克思觉得恩格斯跟"自由人"团体是一伙的，拒绝了会面，他们第一次擦肩而过（但第二次就相见恨晚了）。从这也可以看到，马克思一生有过很多敌人，但未必有过一个私敌。他从来不会出于私心与某人为敌，他的敌人不是哪一个人，而是各种各样不彻底的、有害的思潮与流派。

因为不懂所以不敢妄言，因为不懂所以要深入研究。虽然这个时候，对于什么是共产主义，马克思没有搞清楚，但他对待共产主义的科学态度是值得我们学习的。不过，很快马克思将在初心的引领下通过对政治经济学的研究走上共产主义道路，并与形形色色的各种"社会主义"论战。共产主义将成为马克思初心的理论最高体现和追求。

正因如此，《莱茵报》的工作经历成为推动马克思成为一名真正马克思主义者的现实起点。马克思在《莱茵报》的这段经历充分说明了文章不应写在书斋中，而是要写在祖国的大地上。只有把有字之书与无字之书结合起来一起读，才能在广阔大地上打开人生的大舞台。

第四章　退回书斋与爱情长跑结束

生活的激流总是有进有退，马克思的成长也是如此。当现实召唤，马克思就复出，一旦时代偃旗息鼓，他也开始蛰伏。蛰伏不是青年黑格尔派的那种逃避现实，也不是岁月静好，而是在积蓄能量，这种能量来自思考的深入和理论的精进。就像习武之人总要有闭关修炼一样，马克思也要退回书斋"修炼"。1843年《莱茵报》被封后，马克思第一次退回到克罗茨纳赫虽然是被迫的，但却是幸福的，因为他实现了家庭和思想的双丰收。马克思终于迎娶了他的心上人，从此，他的人生之路上多了一位永不退场的伴侣。同时，马克思带着现实给他提出的"难题"扎进了书海，思想的困惑在逐渐解开。

结束爱情长跑终成眷属

1843年6月12日，这是一个对马克思和燕妮来说都很特别的日子。这一天，他们在克罗茨纳赫燕妮的家中签署了婚约，结束了长达7年的爱情长跑，这时马克思25岁，燕妮29岁。

当时结婚和我们今天不一样——领个结婚证，而是签署一份婚约，婚约上会明确划定双方的财产归属。

> 朕，弗里德里希-威廉，天赐普鲁士国王，
> 下莱茵大公，等等，布告周知
>
> 兹有卡尔·马克思，哲学博士，居住在科伦，为一方；约翰娜·贝尔塔·尤莉亚·燕妮·冯·威斯特华伦，无职业，居住在克罗茨纳赫，为另一方，恭立在本证书末签名人、居住在科布伦茨司法区克罗茨纳赫的普鲁士王国公证人威廉·克里斯蒂安·亨利希·布格尔和本证书末署名的两证人面前。
>
> 在场双方声明，他们立意通过婚姻结合起来，婚礼将于近期隆重举行，对未来的婚姻，他们已协商一致，达成下列条款、条件和民事后果：
>
> 一、凡不受下列各条专项限制的财产应属未来夫妻的共同财产。
>
> 二、此共同财产所有权也完全适用于夫妻双方未来的不动产，如果未来的夫妻把将来他们所继承或其中某一方所获得的不动产宣布为动产的话；这些由他们完全转为共同财产的未来的不动产由他们与动产同样对待，因此，根据民事法典第一千五百零五条规定将不动产转为动产。
>
> 三、夫妻一方婚前所负之债、所承担应负的、继承的或其他途

径承担的债务，一律由各人自己偿还，因此，这些债务应与共同财产无关。

至此，未来夫妻之间一切均已商妥，规定明确，本婚约即据此订立，并向在场各方清楚宣读。

本婚约于一千八百四十三年六月十二日在克罗茨纳赫孀居之冯·威斯特华伦女士之宅邸内签订，参加者尚有应邀前来之公证人认识的证人——约翰·安东·里克斯，私人身份，彼得·贝尔茨，裁缝，两人均居住在克罗茨纳赫。本文件先由公证人知其姓名、等级和居住地的上述提到的双方签字，继由证人和公证人签字，以资证明。

本文件的正本保存于公证人处，其上贴有价值二塔勒的印花，由下列各人亲笔签名：

"卡尔·马克思博士、燕妮·冯·威斯特华伦、约·安·里克斯、彼得·贝尔茨和公证人布格尔。"

同时，朕命令并指示与此有关之各司法执行人员执行本件；总检察官和地方法院检察官遵循本文件；各部队的军官、指挥官及其副手们坚决支持本文件，如果有人依法向他们提出请求的话。

此第一主要副本由公证人签字并加盖其关防，以资证明。

兹证明此件确系主要副本。

公证人 布格尔

可能有人会好奇，此时马克思不是失业了吗，他怎么能够有勇气结婚呢？实际上，这时的马克思已经签了新的工作合同，就是与卢格一起办《德法年鉴》。作为主编他有500塔勒的年薪，除此之外预计还有250塔勒的稿费。正是这份高薪工作，让从《莱茵报》失业后的马克思有底气迎娶等候了他7年的燕妮。

签署完婚约后一个星期，6月19日，马克思和燕妮在一个教堂中举行

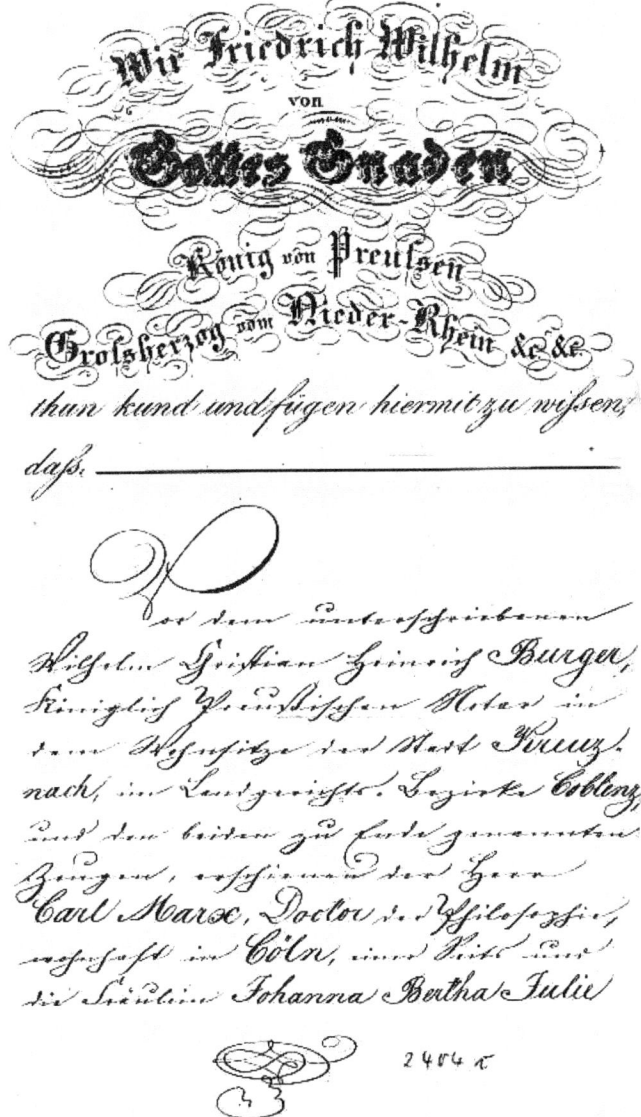

第四章　退回书斋与爱情长跑结束　**_065**

*

马克思和燕妮的婚书

了婚礼，正式步入了婚姻的殿堂。见证他们这一幸福时刻的，只有燕妮的母亲和弟弟埃德加尔。一直以来，燕妮同父异母的大哥就十分反对这门婚约。裴迪南是冯·威斯特华伦男爵的长子，其父亲没有形成的等级观念，却在他的心里扎了根，满脑子贵族等级特权。一开始面对这个同父异母的妹妹跨越阶层的爱恋，他就疯狂地表示反对。男爵在世时，他已经百般阻挠，到处收集马克思的"不端行为"。他将马克思在波恩大学的"胡闹行为"打小报告给了父亲，后来又托人从柏林警方处拿到了一份关于马克思生活学习状况的资料，把他描述得特别不靠谱，希望父亲能够就此打消念头。不过没有成功。父亲去世后，这个大哥更是利用家族的力量对燕妮施压。正因如此，马克思和燕妮的婚礼地点选在了克罗茨纳赫——位于德国莱茵省的一个小镇。燕妮早早就随着母亲来到了克罗茨纳赫，目的就在于躲避她那一开始就想拆散他们的同父异母的哥哥裴迪南。这个哥哥当时已经是特里尔的高官，后来在19世纪50年代更是达到人生巅峰，出任普鲁士内政部大臣，是当时有名的铁腕角色。这在当时给马克思也造成了不小的压力。在当时给朋友的一封信中，马克思感慨地说："我正在十分热烈地而且十分严肃地恋爱。我订婚已经7年多，我的未婚妻为了我而进行了几期激烈的、几乎损害了她的健康的斗争，一方面是反抗她的虔诚主义的贵族亲属……另一方面是反抗我自己的家族。"至于马克思的亲人为何没来，因为之前马克思刚刚跟他们闹掰了，不来出席也是意料之中。

虽然没有得到所有亲朋好友的祝福，但新婚的马克思和燕妮是十分甜蜜的。他们沿着莱茵河逆流而上，前往德意志西南边陲的几个公国以及瑞士，开始了蜜月之旅。这一趟蜜月，他们没有为物质的窘迫而忧虑，因为燕妮的母亲给了十分可观的嫁妆。事后看，未来充满财务危机的生活此时似乎已经埋下了伏笔。他们出发时是富翁，回来时是"负翁"。坊间对此有多种传言。版本一：马克思和燕妮为人十分慷慨，在蜜月途中拜访了几个朋友，得知朋友们过得很拮据时，他们竟然把箱子打开放在了朋友房间里的桌子上，每个人愿意拿多少就拿多少，很快钱袋就空了；版本二：马克思和燕妮对钱没有太强的概念，把钱花在了投宿、马车等上。今天已经无法考证孰是孰非，但从马克思和燕妮一生来看，他们对于金钱有着鲜明的态度：朋友远比金钱重要多了。事实上，研究资本的马克思缺资本，并不是马克思不会理财，重要的原因之一在于他们对革命的朋友总是慷慨解囊而自己却囊中羞涩。

蜜月归来，1843年8月，燕妮怀孕了。这是他们的第一个孩子，这个孩子跟母亲一样，都以燕妮为名。

没有被贫穷限制的爱情

童话故事总是以王子和公主从此快乐地生活在一起结尾。但是真正经历过生活，尤其是经历过婚姻生活的人就会明白这远非故事的结尾，相反这才是真正生活的开始。柴米油盐酱醋茶，日复一日的平淡生活，一个又一个孩子降临后的朝夕相对，这些都是爱情需要跨越的坎。更何况马克思和燕妮并非童话故事里的王子和公主，而是一生颠沛流离的贫贱夫妻，时常都要为肚子的需要发愁。当然，本来他们是有机会成为王子和公主的，可是他们放弃了。

马克思当年创作《资本论》时，他们不仅穷困，而且潦倒，日子都快过不下去了。到底过得有多惨，看看那时燕妮向革命战友魏德迈所描述的"悲惨世界"：

"我只要把我们一天的生活情况如实地向您讲一讲，您就会看到，过着类似生活的流亡者恐怕是不多的。因为这里奶妈工钱非常高，尽管我的胸和背都经常痛得很厉害，我还是决定自己给孩子喂奶。但是这个可怜的孩子从我身上吸去了那么多的痛苦和内心的忧伤，所以他总是体弱多病，日日夜夜忍受着剧烈的痛苦。他从出生以来，没有一个晚上是睡到两三个小时以上的。最近又加上了剧烈的抽风，所以孩子终日在生死线上挣扎。由于这些病痛，他拼命地吸奶，以致我的乳房被吸伤裂口了；鲜血常常流进他那抖动的小嘴里。有一天我正抱着他这样坐着，突然我们的女房东来了。我们一个冬天已经付给她二百五十多塔勒，其余的钱按合同不应该付给她，而应该付给早已查封她的财产的地产主。但她否认合同，要我们付给她五英镑的欠款，由于我们手头没有钱（瑙特的信来得太晚了），于是来了两个法警，将我不多的全部家当——床铺衣物等——甚至连我那可怜的孩子的摇篮以及眼泪汪汪地站在旁边的女孩们的比较好的玩具都查封了。他们威胁说两个钟头以后要把全部家当拿走。那时忍受着乳房疼痛的我就只有同冻得发抖的孩子们睡光地板了。我们的朋友施拉姆赶忙进城去求人帮忙。他上了一辆马车，马狂奔起来，他从车上跳下来，摔得满身是血，被人送回我们家来，那时我正和我可怜的发抖的孩子们在哭泣。

第二天我们必须离开这所房子。天气寒冷，阴暗，下着雨。我的丈夫在为我们寻找住处，但是他一说有四个孩子，谁也不愿收留我们。最后有一位朋友帮了我们的忙，我们付清了房租，我很快把自己所有的床卖掉，以便偿付欠药商、面包房老板、肉店老板、牛奶商的款子，他们听说我被查封财产都吓坏了，突然一齐跑来向我要账。把那些已出卖了的床抬出门外，搬上小货车——又出了什么事？当时天色已晚，太阳已经落下了，按英国的法律在这个时候是禁止搬运东西的，房东领着警察来了，声称里面可能有他的东西，说我们想逃到外国去。不到5分钟，我们门前就聚集了不下二三百个看热闹的人，切尔西的流珉全来了。床又搬了回来，只有等第二天早晨太阳出来以后才可以把它们交给买主；最后，当我们卖掉了我们的一切家当，偿清了一切债务之后，我和我的可爱的孩子们搬到了莱斯特广场莱斯特街1号德国旅馆里我们现在住的这两间小屋。在这里我们每星期支付五个半英镑才受到了人道的接待。"

这种恶劣的环境让马克思在伦敦出生的三个孩子夭折了两个。儿子吉多和女儿弗兰西斯卡都只活了一岁多一点就去世了。生活上的贫穷，背井离乡的孤独，政治上的迫害，儿女的夭折，没有比这更惨的了。但那又如何，这些都没有妨碍马克思和燕妮两人一生携手。

马克思的贫困不是因为四体不勤，而是因为远大的志向。要知道缪斯在马克思的摇篮之中放了许多天赋，如果他愿意，随时可以实现"财富自由"，甚至荣华富贵。1864年马克思作为早期的股民就成功地涉猎了一次股票市场，一个月的短线操作成功将手中的资本从600英镑变为1000英镑，牛刀小试就赚得盆满钵满。如此丰厚的受益，为何马克思没有继续呢？因为没有时间。时间去哪儿了呢？写《资本论》。马克思说："为了让工人一天只工作8小时，我自己必须工作16个小时。"正是为了理想，马克思没有多余的时间去资本市场上获得资本。燕妮也是如此，为马克思的理想，她不得不跟着马克思，经常与房东、面包铺、肉铺、奶铺、当铺、贷款等"敌对的力量"做斗争。那种日子真不是一般人可以受得了的，何况燕妮曾经还是"特里尔最美丽的姑娘"，但燕妮没有退却。

当然，马克思和燕妮不是什么不食人间烟火的神仙眷侣，他们也是正常人，和所有夫妻一样也会争吵，尤其是财务危机来临时。燕妮把这种争吵比作"这是每一桩婚姻中的虫子"。马克思内心也是郁闷的，甚至发出了"对有着远大抱负的人来说，再没有比结婚，以及用这种方式背叛自己转投悲哀琐碎的家庭生活与个人生活更愚蠢的事了"。这是马克思后悔与燕妮在一起了吗？不是，这是一个真正男子汉对于妻子的心疼。他难以看着妻子受苦，但是他不能放弃他的事业。正是深知燕妮的苦，深知物质基础对于婚姻的重要性，马克思才会在挑未来女婿时要求考察其经济条件，并把经济条件放置在感情的契合之前。马克思的二女儿劳拉在与拉法格坠入爱河后，看看作为准岳父的马克思如何"刁难"未来女婿：

"如果您想继续维持您同我的女儿的关系，您就应当放弃您的那一套'求爱'方式……过分亲密很不合适，因为一对恋人在长时期内将住在同一个城市里，这必然会有许多严峻的考验和苦恼。我惊讶地看到您的举止在只有一个星期的地质年代里，一天一天地起变化。在我看来，真正的爱情是表现在恋人对他的偶像采取含蓄、谦恭甚至羞涩的态度，而绝不是表现在随意流露热情和过早的亲昵。如果您借口说您有克里奥人的急躁气质，那我就有义务以我健全的理性横在您的气质和我的女儿之间。如果说，您在同她接近时不能以适合于伦敦的习惯的方式表示爱情，那么您就必须保持一段距离来谈爱情。……在最后肯定您同劳拉的关系以前，我必须完全弄清楚您的经济状况。……您知道，我已经把我的全部财产献给了革命斗争。我对此一点不感到懊悔。相反，要是我重新开始生命的历程，我仍然会这样做。只是我不再结婚了。既然我力所能及，我就要保护我的女儿不触上毁灭她母亲一生的暗礁。"

马克思言辞之间丝毫不为全身心献给革命而后悔，甚至有点小小的自豪，但他后悔结婚。这种后悔不是不爱燕妮，相反，正是太爱她了而深深愧疚。所以，无论如何不能让女儿像她母亲一样再过一遍如此为钱而发愁的糟心日子，他必须要让追求女儿的人无论在品行还是物质上都能够担当得起一个好丈夫。马克思真是一个不太好对付的岳父！

马克思和燕妮的争吵只是马克思和燕妮漫长一生的插曲，说明这是两个正常人，有着烟火气的正常人，并不能证明他们的爱情被婚姻打败了。恰恰相反，人到中年之际，老夫妻之间如果还能说情话，证明岁月不败爱情。马克思和燕妮就是如此，纵然有争吵，但他们仍执手相看两不厌，马克思还对燕妮能够写出至今读起来还令人脸红的情话。

1856年，燕妮回特里尔娘家，与马克思小别。她一走，他就忍不住了，写下了情书：

"深挚的热情由于它的对象的亲近会表现出日常的习惯，而在别离的魔术般的影响下会壮大起来并重新具有它固有的力量。我的爱情就是如此，只要我们一为空间所分隔，我就立即明白，时间之于我的爱情正如阳光雨露之于植物——使其滋长。我对你的爱情，只要你远离我身边，就会显出它的本来面目，像巨人一样的面目。在这爱情上集中了我的所有精力和全部感情。我又一次感到自己是一个真正的人，因为我感到了一种强烈的热情。……对你的爱，使一个人成为真正意义上的人。

……

诚然，世间有许多女人，而且有些非常美丽。但是哪里还能找到一副容颜，它的每一个线条，甚至每一处皱纹，能引起我的生命中的最强烈而美好的回忆？甚至我的无限的悲痛，我的无可挽回的损失，我都能从你的可爱的容颜中看出，而当我吻遍你那亲爱的面庞的时候，我也就能克制这种悲痛。'在她的拥抱中埋葬，因她的亲吻而复活'，这正是你的拥抱和亲吻。我既不需要婆罗门和毕达哥拉斯的转生学说，也不需要基督教的复活学说。"

不是岁月不败美人，而是情人眼里出西施。这时的马克思38岁，而燕妮已经42岁，但两个人的爱情经历生活的磨难、岁月的冲刷却依然炙热、滚烫。

马克思的"使一个人成为真正意义上的人"道出了他们爱情的密码。燕妮之于马克思不只是孩子他妈,更是革命的战友。马克思没有把燕妮限制在家庭妇女的位置上,他将她视为事业的同行者。燕妮给了马克思永远的精神支撑。同时,燕妮也没有因经济困境而去阻碍丈夫的事业,反而一生都在支持丈夫的事业。她常常热情接待他的无产阶级朋友,当马克思的秘书,为他誊写手稿,在他生病时处理信件。可以说,马克思就是燕妮的事业。当然,这绝不是说燕妮是丈夫的附庸。恰恰相反,马克思的追求也是她自己的追求。打动燕妮的是马克思的才华,是马克思那颗为了人类幸福而奋斗的初心。漫长且艰辛的革命道路上,他们互相配合,为我们诠释了爱情本来的模样。所以,爱情最牢固的基础不在于颜值,不在于物质,而是三观上的志同道合。纵然燕妮和马克思有争吵,甚至激烈的争吵,但他们因有共同的志向使他们能够携手跨越山河,风雨无悔,至死不渝。直到燕妮去世时,马克思和燕妮的爱情还保持着当初的模样,让我们相信"执子之手,与子偕老"的爱情。

晚年马克思同燕妮的爱情有多美好?那时两个老人因病,许久没见了。终于有一天医生允许马克思去看看他朝思暮想的妻子了。那一幕,他们的小女儿杜西(即爱琳娜)一生难忘,她仿佛看见了两个年轻人在热恋一样:"我永远不会忘记,父亲终于有了足够的力气走进亲爱的母亲的房里。他们重新焕发了青春——她是盛开的女孩,他是爱慕她的青年……他不是疾病缠身的老人,她也不是垂死的老人。"

对于父母的爱情,杜西写道:"他一生都不需要去爱他的妻子,他一直在爱着她。"

也许马克思和燕妮的爱情与婚姻没有活成他们父母想要的样子,但却活成了我们想象的爱情模样,也给了孩子们最好的爱的教育。

马克思一生遭受的不公与诽谤无数。燕妮在世时,马克思所应享受的

第四章　退回书斋与爱情长跑结束　_073

*
1875 年的马克思

晚年的燕妮·马克思

尊重、认同与赞誉远远无法与其做出的贡献相匹敌。跟贫穷与疾病相比，这一点更令燕妮痛苦。《资本论》——马克思为之牺牲了一切的著作，马克思如此描述写作此书的艰辛："我一直在坟墓的边缘徘徊。因此，我不得不利用还能工作的每时每刻来完成我的著作，为了它，我已经牺牲了我的健康、幸福和家庭。"但就是这样一部让马克思付出所有心血的著作，出版后等待它的不是大卖，不是举世震惊，而是依然如《政治经济学批判》小册子一样在英语世界遭遇冷淡。好在去世前，燕妮还是等到了世人对马克思的那份赞扬与肯定，哪怕这跟马克思后来的影响相比是微不足道的。1880年11月底，伦敦西区张贴出一些海报，宣传一份叫作《现代思想的领袖》的月刊。这份月刊之于燕妮有何意义呢？它刊登了首篇称赞马克思著作的英语文章。这篇文章作者是厄内斯特·贝尔福特·巴克斯，他称赞《资本论》"代表着对一种经济学说的剖析，其革命性和广泛的重要性足以与哥白尼天文学体系，或者说万有引力定律和力学相媲美"。视声望为羁绊的马克思却兴奋地将这些念给燕妮听。想必燕妮那时是无比幸福的。马克思形容她此时的眼睛"更加富于表情，更加美丽，更加明亮"。或许应了那句话，虽然岁月漫长，但一切值得等待。她等到了世人对她丈夫的肯定，她等到了曾经落在她丈夫身上的各种卑鄙的诬蔑烟消云散。如果她知道马克思之后将"破圈"，赢得无数人尊重，想必会更加欣慰。

遗憾的是1880年12月2日，一个天寒地冻的日子，燕妮与世长辞了。这一天，马克思的心情亦如外面的天气一样——天寒地冻。对于失去燕妮的马克思，恩格斯说："摩尔，也死了。"

燕妮的葬礼，马克思由于身体原因没有参加，恩格斯替他念了悼词：

"她在革命运动中表现出的睿智的批判精神，敏锐的政治嗅觉，充沛的精力，伟大的忘我精神，是公众看不到的，在报刊上没有记载。她所做的一切只有和她一起生活过的人才了解。但是有一点我知道：

我们将为再也听不到她大胆而谨慎的意见（大胆而不吹嘘、谨慎而不失尊严的意见）而感到遗憾。

　　我用不着说她的个人品德了。这是她的朋友们都知道而且永远不会忘记的。如果有一位女性把使别人幸福视为自己最大的幸福，那么这位女性就是她。"

一份简单的悼词，我们看到了一位伟大女性的一生。从中也可以读懂马克思与燕妮爱情的伟大之处——把别人幸福视为自己的最大幸福。没有这份共同的执念，马克思与燕妮的爱情难以扛过世间千万夫妻都面临的柴米油盐酱醋茶的千古难题，也难以抵御互相的埋怨，更是难以忽略周遭亲朋好友的偏见。正是有着为人类幸福而奋斗的信念，他们才能熬过风霜雪雨，从艰辛的生活中开出了令人感动的爱情之花。

　　有妻如此，夫复何求呢？

　　所以，何谓爱情的真正模样？就如马克思所言："爱情是基于一定的客观物质条件和共同的生活理想，在各自心中形成的真挚的爱慕，并渴望对方成为终身伴侣的一种最强烈的感觉。"

　　燕妮被葬在海格特公墓。两年后，马克思也葬在了同一地方。当马克思夫妇长眠之后，马克思的小女儿爱琳娜说："没有燕妮·冯·威斯特华伦，就不会有今天的卡尔·马克思。"

退回书斋狂啃书籍

　　现在很多学生会抱怨课程辛苦、考试压力大，没有时间读书，但要知道马克思蜜月期间还在读书做笔记！度蜜月时马克思随身携带了黑格尔、卢梭等几十本著作搞研究。蜜月归来更是直接扎进克罗茨纳赫的市图书馆，充分利用图书馆的一切资源，狂啃了关于欧洲主要国家以及美国历史的书籍。

一起来看看当时蜜月期间马克思读过的书!

"克罗茨纳赫笔记"中的书单

◇ 克里斯托夫·格·亨利希《法国历史》(三卷集著作)

◇ C.F.E. 路德维希《最近五十年的历史》

◇ 恩斯特·亚历山大·施密特《法国历史》

◇ 弗朗索瓦-勒内·沙多勃利昂《从1830年7月看法国》《对卡尔 X 流亡的新建议》

◇ 卡尔·威廉·兰齐措勒《关于七月事件的原因、性质及其后果》

◇ 威廉·瓦斯穆斯《革命时代的法国历史》

◇ 雅克-查尔斯·贝勒尔同德·斯泰尔夫人论战的两卷集著作

◇ 利奥波德·兰克《宗教改革时代的德国历史》、1832年发表在历史-政治杂志的文章

◇ 约翰·克里斯蒂安·普菲斯特《德国历史》

◇ 贾斯特斯·墨瑟尔《爱国主义的幻想》

◇ 约翰·罗素《英国政府和宪法的历史》

◇ 约翰·马丁·拉彭贝尔格《英格兰历史》

◇ 约翰·林加尔特《英国入侵罗马史》

◇ C.G. 候麦《遗传的原则以及英法贵族》

◇ 埃里克·盖尔《瑞典历史》

◇ 皮埃尔·达鲁《威尼斯共和国的历史》

◇ 亨利·布鲁哈姆《波兰历史》

◇ 汉密尔顿《美利坚合众国的人民和习俗》

◇ 卢梭《社会契约论》

◇ 孟德斯鸠《论法的精神》

这些书籍只是七八月间看的书而已，相较于马克思一生的阅读量，不过是九牛一毛。要不然也不会有大英博物馆"马克思脚印"的美丽传说。相传马克思当年在大英博物馆里写作《资本论》，总固定坐在一个座位上，数年下来，桌子下面竟然留下了磨出的脚印。传说终归是传说，但为何会有传说，背后却在某种程度上反映了人们对马克思惊人阅读量的感叹。所以，有人总结说：马克思之前的西方学问，都通向马克思，而马克思之后的西方思想，都是从马克思重新出发的。

马克思对这些书籍的阅读可不是囫囵吞枣地一带而过，而是带着强烈问题意识的精读。他要到书中去寻求答案，希望通过阅读欧洲国家封建社会的政治史，弄清楚政治在历史中的作用，以解决《莱茵报》工作经历留给他的黑格尔法哲学"困惑"。

读完后的马克思留下了"克罗茨纳赫笔记"。一听名字就知道，"笔记"就是阅读后的摘录和思考。上大学开始马克思就养成了写读书笔记的习惯。他说："我已经养成了习惯，对自己所有读过的书作摘录笔记。"

"克罗茨纳赫笔记"有足足5大本，共有255页，知识密度极高，容下了22位作家的24本论著和其他文章的摘要内容，时间跨度长达近2500年，从公元前600年到19世纪30年代。整个笔记分为5个部分：《历史—政治笔记》5册、《法兰西历史笔记》1册、《英国历史笔记》3册、《法兰西、德意志、英国、瑞典历史笔记》4册、《德意志和美国历史笔记和国家、宪法著作摘要》5册。最后马克思还写下了一个经过内容压缩的《主题索引》。显然，马克思已经把这些书的内容化成了自己的理解，融进了自己的理论体系。

纵观马克思一生，可以说其思想发展的每一步都以重要笔记为前提。除了"克罗茨纳赫笔记"，从1844年前后的"巴黎笔记"、1845～1849年的"布鲁塞尔笔记""曼彻斯特笔记"、1850～1853年的"伦敦笔记"，到创作《资本论》中写的草稿《1857～1858年经济学手稿》《1861～1863年经济学手稿》，再到晚年的"人类学笔记"和"历史学笔记"，马克思记笔记的脚步从未停止。要知道在那个没有电脑，也没有打印机的年代，马克思的笔记只能靠手写。这些笔记涉及的范围相当广泛！从政治、经济、历史、语言学、宗教、文学艺术到自然科学，可以说无所不包，而且笔记还使用了多种语言，有德语、英语、法语、俄语、意大利语、拉丁语和希腊语等。除了正式在书桌前记笔记，马克思还有随思随记的好习惯。李卜克内西在《忆马克思》一文中写道："只要有一点可能，马克思任何时候总要工作的。就是去散步，他也带上一本笔记簿，并且时时在上面写点什么。"这些厚厚的笔记（还不包括一些著作的写作提纲、草稿、书籍提要，以及日记性质的记录）充分说明了"伟人究竟是怎样炼成的"。

伟人之所以伟大，不是赢在了起点，或是直接生在了终点，而是日复一日地用勤奋做"磨刀石"砥砺才华的结果，是厚积的结果，平躺的生活孕育不出斑斓的人生。

一个人的精神发育史就是他的阅读史。对于我们今天而言，读书条件自然比马克思那时候好很多了，然而，是不是都能像马克思那样读书呢？

现在是快餐式、碎片化的阅读时代，很多人不愿花工夫去啃经典，仿佛通过"一张图了解×××""五句话读懂×××""三分钟知晓×××"，就品鉴了万里河山、阅尽了天下事，世界就尽在掌握之中。殊不知读书没有捷径，尤其是读经典，否则省下的路最后都会变成未来的坑。

人类最伟大的思想，最重要的智慧，就深藏在最伟大的经典之中。阅读经典、与伟人对话，可以说是人生成长的一条捷径，可以帮助我们构建完整的知识体系、清晰的认知格局、开阔的思考视野，但走这条捷径却没有捷径。任何"速读"都是躁动。要知道在一个浮躁的社会，不停地躁动只能生成泡沫。事实上，读书乃至人生，很多时候需要的并不是精明，而

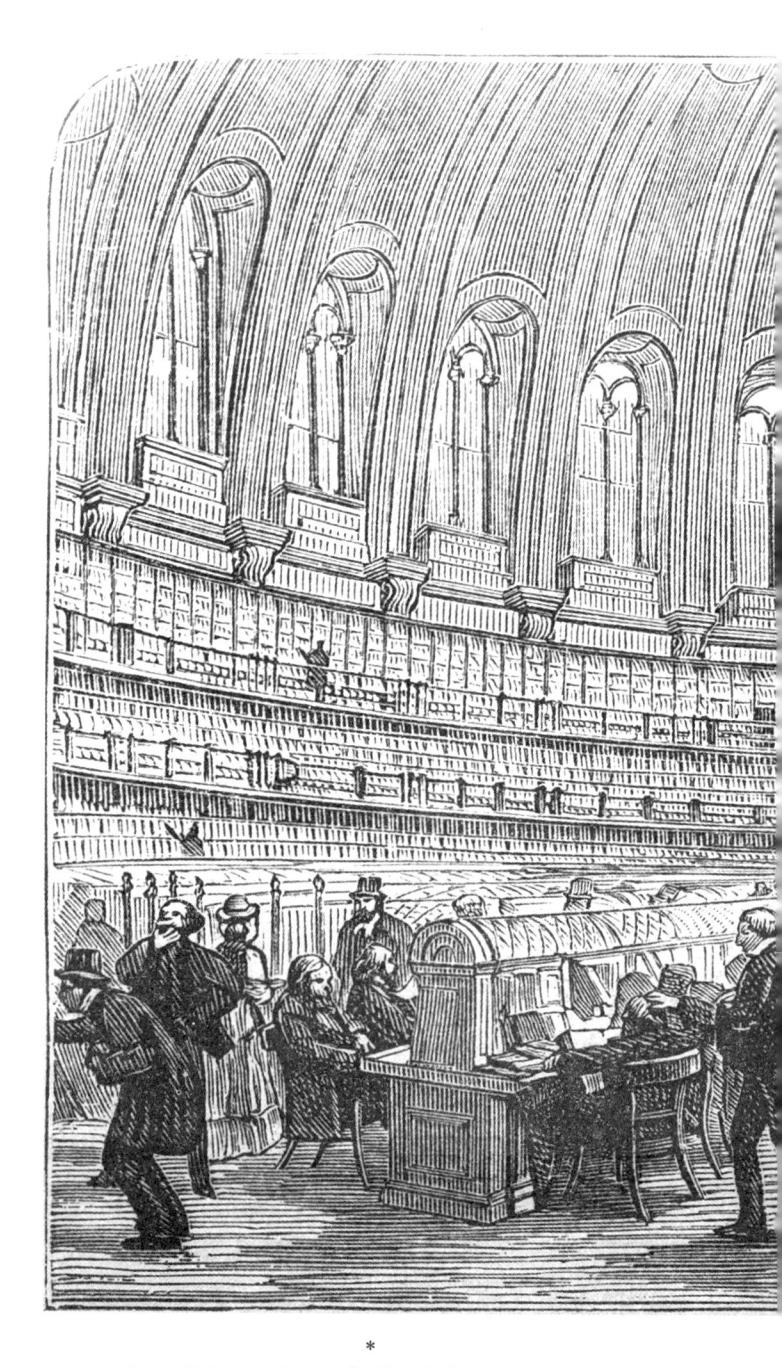

19世纪50年代,马克思经常到大英博物馆废寝忘食地读书

第四章 退回书斋与爱情长跑结束 _081

是沉下来的那份坚持。唯有老老实实读好书、好好读书，方有可能走所谓的"捷径"。

读好书就是要向经典宣战，好好读书就是要有好的读书习惯。读书其实是一件很奇妙的事情。读得越多，能读的就越多。整体性、厚重性、深层次的经典阅读也许一开始很难，但一旦思考力在与伟人的交流中提升，就会如履平地，越读越顺。就像马克思大学初读黑格尔法哲学时觉得不好读，但一旦开窍后迅速上道。马克思就是循着这条路一步一步成长。这些读过的书最后都化成了马克思主义的源泉，成为无数工人阶级改变自身命运的思想的武器，而我们都是受益者之一。

可见，马克思这位"千年思想家"的养成绝非一朝一夕、轻轻松松的，而是日积月累、不停攀登的结果。他用亲身经历告诉我们"好记性不如烂笔头""读书破万卷，下笔如有神"等这些话都是真理。所以，现在我们要读懂马克思、弄懂马克思主义，绝不是简单背个公式"世界是物质的，物质是运动的，运动是有规律的，规律是可以认识的……"就万事大吉了。评论马克思和马克思主义，绝不可靠着道听途说的刻板化印象就妄下结论，至少先读读马克思究竟说了什么。至于要弄懂马克思主义是什么，不仅要读马克思讲了什么，还要读他读了什么，这才是负责任的态度。

在克罗茨纳赫狂啃书籍的结果就是马克思有了除小燕妮外的另一个"结晶"——思想的结晶。如果说《莱茵报》离职之际，马克思还不知道去向何方，但通过24本书籍的狂啃，马克思的思想方向在渐渐清晰。通过阅读，马克思逐渐认识到财产的所有制才是历史的真正基础，黑格尔法哲学在这一点上正好颠倒了，不是国家决定市民社会，而是市民社会决定国家，需要把颠倒的黑格尔法哲学颠倒过来。正因如此，马克思才能在《德法年鉴》的两篇文章中，与青年黑格尔派挥手再见。

在克罗茨纳赫期间马克思的思想在破土，马克思的人生也将走向一个重要的转折点——从一名唯心主义和民主主义者转变为唯物主义者和共产主义者。要实现这一转折，他们首先要去巴黎。1843年10月，马克思与燕妮第一次离开祖国前往法国巴黎，开始了他们的漂泊之路，而这一开始就是一生。马克思终成为一个无国籍的"世界公民"。

第五章　与青年黑格尔派挥手再见

新婚的马克思和燕妮奔赴巴黎这个新世界的新首府，在那里他和卢格创办了《德法年鉴》，一出版即在德国、法国等社会主义者群中引发巨大关注，却因和卢格的根本分歧以及资金周转困难而不得不停刊。马克思在《德法年鉴》上发表《论犹太人问题》和《〈黑格尔法哲学批判〉导言》两篇重磅文章，批判的锋芒对准曾经共事的、思想只在原地踏步的青年黑格尔派代表人物鲍威尔兄弟，标志着马克思实现了从唯心主义向唯物主义、革命民主主义者向共产主义者的转变。

奔向新世界的新首府

1843年10月底，马克思和新婚妻子燕妮搬到了法国首都巴黎，此时燕妮已经怀孕了。年纪轻轻背井离乡，奔赴一个全新的国家，并不是一时头脑发热，而是慎重且坚决的决定。

我们现在看到很多旅游攻略都会推荐巴黎是个必须打卡的国际化城市，在塞纳河畔品一杯香醇的咖啡，徜徉卢浮宫感受文化的熏陶，这是现在游记博主们所说的"浪漫"；而彼时马克思所奔赴的巴黎对于他和其他革命者们则是另一种"浪漫"。

19世纪30年代开始，法国经历了产业革命，工业发展迅速，巴黎一跃成为世界著名的工业中心。与马克思所生活的德国不同，这时的巴黎已经出现了一支规模不算小的现代工人队伍。伴随资本主义的发展，工人阶级反对资产阶级的斗争日益激烈。在此之前，巴黎就一直有光荣的革命传统。自18世纪法国资产阶级革命以来，巴黎就成了欧洲资产阶级革命运动和自由主义运动的领头羊。一个富有革命传统的城市，显然是适合马克思的。在法国，同工业革命联系起来的资产阶级社会的各种矛盾悉数呈现在世人面前，而在德国，这种矛盾对立还被"第三等级"（包括几个市民阶级）同封建势力的斗争所遮蔽。法国资本家对工人阶级的剥削已经到了敲骨吸髓的地步，却对工人阶级的困顿状态熟视无睹。工人们一家子为了挣得极其微薄的工资，不得不挤在阴暗、狭窄的车间里，没日没夜地连续做工15个小时甚至更多，下班到家，居住的场所还不如工作的车间，住在潮湿发霉的地窖里，每天和饥饿、病痛做伴。马克思忍不住呐喊：难道这就是在资产阶级革命的街垒巷战中流血牺牲的人民所想要的结果吗？

然而，马克思还看到了备受鼓舞的一面。马克思注意到，工业化中诞生的这个新阶级并没有认命和屈从，他们渴望着并竭力寻求改变这种困苦现状的出路。更重要的是，那时候的巴黎既是各种社会主义和共产主义理论的集中地，还是德国政治流亡者的栖息地。马克思被德国的好朋友科本称为"思想的弹药库"，巴黎聚集了许许多多社会主义流派的活动家。布朗基、卡贝、蒲鲁东等都曾在这里驻留、写作和举行活动，市面上还有大量的社会主义理论文献和出版物。德国政治流亡者聚集在巴黎，他们因共同反对德国专制制度团结在一起，努力把革命的影响力反输回德国。

这些有利条件组合在一起，对马克思而言，巴黎无疑成了"天选之地"。因此在收到卢格的信息后，他能以破釜沉舟的决心举家前往，不顾一切艰难险阻也要到巴黎，不仅仅是为了体验巴黎革命的"浪漫"，而是去那里开辟一片新天地——创办《德法年鉴》。

秋叶纷飞的季节，马克思十分开心，马上写信给合作伙伴阿尔诺德·卢格说道：

"我很高兴，您已经下定决心，不再留恋过去，而着意于未来，着意于新的事业。到巴黎去，到这个古老的哲学大学去吧，但愿这不是不祥之兆（absit omen）！到新世界的新首府去吧！必须做的事情一定可以做到。所以我毫不怀疑，一切困难都能克服，困难之大我是完全知道的。但是，不管这件事情能否成功，月底我一定要到巴黎去，因为这里的空气会把人变成奴隶，我在德国根本看不到一点可以自由活动的余地。在德国一切都受到了强力的压制，真正的思想混乱的时代来到了，极端愚蠢笼罩了一切，连苏黎世也要服从柏林来的指示了。所以事情愈来愈明显：必须为真正独立思考的人们寻找一个新的集合地点。我深信我们的计划是符合现实需要的，而现实的需要也一定会得到真正的满足。因此，只要我们认真地从事，我相信一定会成功。"

其实不止卢格下了决心，马克思也是经历一番慎重的考虑下定决心，不管背井离乡可能面临的穷困潦倒和创办报刊可能面临的举步维艰,以一种"虽千万人吾往矣"的决绝奔赴了新世界的新首府。一个多么励志的榜样啊,我们都要向马克思学习,前路有困难怎么办?只要认真去做,就一定有机会实现理想。

如果说马克思在克罗茨纳赫的时候从无到有逐步认识到了工人阶级的意义,那么到了巴黎之后,马克思"进阶"到采取行动了。他主动关注和了解工人阶级斗争的情况,和妻子燕妮经常到工人的家里交往,结识了很多工人朋友。也许我们现在看来这种交往没什么大不了,殊不知在当时阶级壁垒森严的情况下,马克思和燕妮这样的阶级身份能够深入工人群体是极为罕见的。尤其燕妮这样一个别人口中的"贵族小姐"在与工人朋友交往的时候丝毫没有阶级优越感,不摆架子,反而相处得十分融洽,足以让很多贵族大跌眼镜了。

在巴黎,马克思经常与工人朋友彻夜长谈,工人向他诉说自己所遭遇的压迫,工厂主们的贪婪和无情,也向他讲述自己参与过的抗争和抗争失败后的艰难处境,向他询问什么时候可以有一个新的世界不用活得这么辛苦。工人朋友把马克思当成自己的知心人,马克思在一次次交往、交谈中经历精神的震动和心绪的波动,产生了与工人同呼吸共命运之感。

此外,马克思还经常参加德国、法国工人在巴黎的集会活动和工人秘密团体的一些活动。其中,德国流亡者在巴黎秘密成立的一个组织——"正义者同盟",因其活跃度成功引起了马克思的注意。随着马克思与工人交往的加深,正义者同盟的领导人都认识并愿意与马克思结交,还有法国一些工人秘密团体的领导人也与马克思建立了私人交往。为什么要说明是私人交往关系呢?因为此时以及此前的马克思没有加入任何一个组织。这些组织所秉持的形形色色理念、主张没有一个是建立在科学的理论基础上的。比如,有的团体是以圣西门、傅里叶的空想社会主义为引导,有的信奉魏特林的平均共产主义，有的推崇布朗基的密谋暴力观点，其中影响最大的是布朗基的密谋暴力思想观点。很多秘密团体坚持认为通过几个先锋人物的密谋暴动而不是争取广大劳动人民的团结，就可以达到实现共产主义的目的。

法国当时很多团体普遍共同保有密谋性质的、宗派性质的组织形式。以正义者同盟为例，这是众多团体里偏向正常的一个，这个团体的口号叫"四海之内皆兄弟"——听听，是不是有点中国武侠小说里绿林好汉歃血为盟的味道？显然，马克思是看不上这种组织方式和理论观点的，因此他不会加入任何一个团体。既然如此，马克思为什么还要和他们有联系呢？又没有工资或者奖状可以拿。这是因为，马克思坚信这些组织、团体里虽然盛行各种不科学的学说观点，但这些影响只是暂时的，这说明当前工人运动还很稚嫩。与这些团体组织保持密切联系，可以及时了解工人运动的经验教训，更重要的是"特里尔之子"可以用自己智慧的大脑、犀利的语言和强大的能力影响这些团体的成员，引导他们接受科学的理论，走上革命的道路。马克思以一种天然的使命感在努力着。

与工人阶级深入交往是马克思从革命民主主义者转向共产主义者的决定性步骤。在参加工人运动、与工人们深入联系的过程中，马克思深刻感受到了工人阶级优秀的品质。后来，他在1844年写的《经济学哲学手稿》里热情称赞在法国结识的工人，"从他们口中说出的人类友谊不是空话，而是真理"。工人阶级所具有的彻底的革命性让马克思见识到了无产阶级伟大的创造力。后来他在《〈黑格尔法哲学批判〉导言》里写道：人类解放的头脑是哲学，它的心脏是无产阶级。

未出道先火、一出道夭折的《德法年鉴》

创办一个以彻底改造社会为目标的刊物，是马克思来到巴黎的主要目的。《德法年鉴》从马克思决定来巴黎之前就已经在他的心中酝酿。而开始促成这个事情的是阿尔诺德·卢格（1802～1880），他就是后来和马克思一起创办《德法年鉴》的合作伙伴。

卢格比马克思大16岁，是个青年黑格尔派，他和泰奥多尔在求学期间主办的《哈雷年鉴》是青年黑格尔派的官方刊物。卢格年轻时候参加过不少社会运动，还坐过六年牢，这些并不足以让卢格消沉，随后他求职哈雷大学成功，成为一名讲师，并娶了一个十分有钱的妻子，生活一下子富裕起来，与学生时代相比，卢格对普鲁士制度的批判性显著减弱。从以后他和马克思决裂以及同时期其他人对卢格的评价，我们可以说，卢格不是一个革命者，但他有教养、肯吃苦，并且十分具有办刊物的才能。

卢格主编的另一个刊物《德国科学和艺术年鉴》（即《德国年鉴》），很快成为青年黑格尔派的代表刊物。但是，在1843年春天，《德国年鉴》被反动政府查封，此时正好马克思被迫退出了《莱茵报》。卢格知道后马上邀请马克思和自己一起到国外出版一个刊物。马克思办婚礼前赶去德累斯顿与卢格会面商量办一个新刊物的筹备事项。最初，卢格是主张在国外重办《德国年鉴》，但马克思否定了这个提议，他认为团结起进步力量需要一个有鲜明的革命色彩的刊物，而不是像《德国年鉴》那样只搞抽象的批判，于是提议新刊物叫《德法年鉴》，将德国的哲学精神与法国的斗争精神结合起来。卢格接受了这个提议，刊物的筹备工作正式开始了。

卢格承诺出资6000塔勒，弗吕贝尔（另一个合作伙伴）出资3000塔勒，出资的卢格聘任马克思为副主编，年薪500塔勒。出版地点最初在布鲁塞尔、巴黎和斯特拉斯堡之间犹豫，这三个城市都有较多的出版自由，但经过初步了解之后，最终选定了巴黎这个最合适的地方。办刊的资金、地点和分工都商量好了，《德法年鉴》的筹办工作开展得越发顺利起来。马克思多方联系一些著名作家，邀约他们为新创办的《德法年鉴》撰稿。其中，马克思寄予厚望的是费尔巴哈，致信希望他写一篇文章批判当时的反动哲学大山头谢林，但费尔巴哈却没有勇气去做这件事。了解恩格斯生平的人会知道，这个中学肄业的炮兵下士在柏林大学旁听的时候写就了批判谢林最有力的三篇檄文。马克思初到巴黎的三个月，几乎每天都在约稿，卢格生病了，编辑的工作几乎全部交给了马克思一个人做。由于马克思积极筹备、四处张罗，到1843年底，《德法年鉴》筹备工作已经基本准备就绪，越来越多的人关注和期待《德法年鉴》的问世，可以说未出版先火起来了，德国、法国许多优秀的社会主义和共产主义活动家都开始支持这个刊物，远在英国的恩格斯也心生向往，准备投稿。

1844年2月，《德法年鉴》出版，这是一个包含了第一期和第二期的合刊。卢格、费尔巴哈、海涅、赫斯、海尔维格等德国民主主义者们都发表了文章，恩格斯也有两篇论文收录，《政治经济学批判大纲》和《英国状况——评托马斯·卡莱尔的〈过去和现在〉》。马克思是这一期的主要撰稿人和总设计，除了《论犹太人问题》和《〈黑格尔法哲学批判〉导言》两篇重磅论文之外，《德法年鉴》创刊号的开头先刊发了8封信。其中有马克思致卢格的3封，卢格致马克思的2封，卢格致巴枯宁的1封，巴枯宁致卢格的1封以及卢格致费尔巴哈的1封。在这个刊物上，马克思和恩格斯的名字首次同框，为以后两人的相遇相知埋下了伏笔。

《德法年鉴》当时有多火呢？俗话说金杯银杯不如口碑，当时看了《德法年鉴》的读者纷纷向自己的好友、亲人推荐。比如，后来成为马克思挚友的丹尼尔逊评价马克思的两篇论文是"德国的天才人物给予法国人的最伟大和最优秀的礼物";德国无产阶级诗人、也是马克思好友的维尔特给弟弟写信说：你要是有机会的话一定要找来《德法年鉴》头两期读一读，那里面一些文章要比之前停刊的《哈雷年鉴》"所刊载的最好的东西强千倍";俄国革命民主主义者别林斯基读了马克思的文章后有醍醐灌顶之感，给"俄国社会主义之父"赫尔岑通信说，自己找到了真理，在神和宗教这两个词里看到黑暗、愚昧、锁链和鞭子。当时在巴黎的俄国人几乎人手一份《德法年鉴》，莱比锡、维也纳和柏林也有大批人四处打听怎么可以订到《德法年鉴》。甚至大半年过后，德国还有很多人惦念能不能找到《德法年鉴》创刊号。反动媒体自然也注意到了这个横空出世的刊物，对其革命倾向大加攻击。

遗憾的是，这样一个影响力冉冉升起的新刊物却是"出道即巅峰"，创刊号是最早一期也是最后一期。停刊的原因是马克思和卢格的分歧无法调和。

我们知道，年轻时候的马克思是青年黑格尔派一分子，他强调哲学与现实的联系，强调思维与实践的统一。马克思以普罗米修斯自喻，希望能以批判的哲学实现人的启蒙而不惜与反对势力斗争。1842年2月，马克思第一次寄信给当时的《德国年鉴》编辑卢格，卢格就注意到了这个富有才情的青年人。1842年10月，马克思被任命为《莱茵报》的总编，而《莱茵报》在随后的几个月也因其激进的观点和极具"反动性"的思想蜚声全国。之后，青年黑格尔派内部出现分裂。其间，卢格非常钦佩马克思，并希望和马克思合作。合办《德法年鉴》，既是两人曾经友情的见证，也是两人根本原则分歧无法调和的呈现。

初到巴黎的马克思迫切希望熟悉这个现代资本主义的新世界，想要认识它的进步，也想认识它的矛盾，更想充分了解在这个新世界的贫困中所孕育的美好未来的萌芽。虽然这个新生的资本主义时代在英法两国刚刚有

DEUTSCH-FRANZOSISCHE

JAHRBÜCHER

herausgegeben

von

Arnold Ruge und Karl Marx.

1ste und 2te Lieferung.

PARIS,

IM BUREAU DER JAHRBÜCHER. } RUE VANNEAU, 22.
AU BUREAU DES ANNALES.

1844

*

《德法年鉴》

了经济上和政治上的轮廓，但毫无疑问，整个欧洲即将进入这个时代，已经掀开了历史的帷幕。年轻的马克思研究这一世界历史进程，运用取自黑格尔的辩证法对它进行深入分析，同时将黑格尔和费尔巴哈的思想认识以及自己的哲学见解，拿到实践中去检验。马克思创办《德法年鉴》时就是这样做的，从创刊之初马克思就立志"要和实际斗争结合起来"，这就需要向被压迫的人们说明他们为了什么而斗争。但是，"和实际斗争结合起来"却让卢格慌了。

从《德法年鉴》上刊发的马克思给卢格的三封信我们不难发现，两个人的分歧已经不再是小打小闹，而是如鸿沟般存在于两人之间。在去巴黎之前，马克思曾经去荷兰短暂旅行过一段时间，与在荷兰的见闻对比之下，马克思深切地感受到自己祖国普鲁士的专制制度有多黑暗，他迫不及待地给卢格写信阐述自己的一些思考，尤其是和以后办报有关的内容。马克思写道：

"目前我正在荷兰旅行。根据这里的和法国的报纸来判断，德国已深深地陷入泥潭，而且会越陷越深。我向您保证，连丝毫没有民族自尊心的人也会感受到这种民族耻辱，即使在荷兰也是如此。一个最平凡的荷兰人与一个最伟大的德国人相比，仍然是一个公民。请听听外国人对普鲁士政府的评论吧！在这方面意见是惊人的一致，再也没有人会被普鲁士制度及其明显的本质迷惑了。可见新学派还是有点用处的。自由主义的华丽外衣掉下来了，可恶至极的专制制度已赤裸裸地呈现在全世界面前。……国家是十分严肃的东西，要它演什么滑稽剧是办不到的。满载愚人的船只（指德国）或许会有一段时间顺风而行，但是它在向着命运驶去，这正是因为愚人们不相信这一点。这命运就是我们所面临的革命。"

动身去巴黎之前，马克思再次给卢格写信，昂扬的斗志溢出纸张，他已经做好用笔这把枪向黑暗的社会现实发起挑战的准备了。在构思报纸的中心主旨时，他告诉卢格：

"如果我们的任务不是构想未来并使它适合于任何时候，我们便会更明确地知道，我们现在应该做些什么，我指的就是要对现存的一切进行无情的批判，所谓无情，就是说，这种批判既不怕自己所做的结论，也不怕同现有各种势力发生冲突。所以我不主张我们树起任何教条主义的旗帜，而是相反。我们应当设法帮助教条主义者认清他们自己的原理。……所以，什么也阻碍不了我们把政治的批判，把明确的政治立场，因而把实际斗争作为我们的批判的出发点，并把批判和实际斗争看作同一件事情。在这种情况下，我们不是教条地以新原理面向世界：真理在这里，下跪吧！我们是从世界的原理中为世界阐发新原理。我们并不向世界说：停止你那些斗争吧，它们都是愚蠢之举；我们要向世界喊出真正的斗争口号。"

马克思此时已经十分明确，新创办的报纸一定要与现实的斗争结合起来，而不是天天坐而论道，只搞一些玄而又玄的所谓批判。

反观卢格，他坚持认为在德国任何革命都是不可能的，只能进行理论批判。马克思坚决驳斥把理论和实践、哲学和革命割裂开来的思想。马克思意识到革命的事业必须依靠"联合起来的力量"。仅仅推翻德国的封建专制统治是不够的，只能是革命的一个环节，只有让最底层的受剥削者、被压迫者实现自身的解放也就是比政治解放更为彻底的人类解放，才是革命的真正目标。卢格是反对这种观点的，在他看来群众只是"意识低下的无产者"，是没有领导革命的能力的。所以卢格一生都只致力于民主主义，而与最后转向无产阶级和信仰共产主义的马克思分道扬镳。正如马克思的学生梅林所总结的：在马克思和卢格都置身于法国生活之中的时候，马克思像一艘劲艇，乘风破浪，终于驶到开阔的海域；而卢格则像一块核桃壳，畏畏缩缩地极想退却到岸边的浅滩。

除了原则的根本分歧，导致马克思和卢格分道扬镳，进而导致《德法年鉴》出版工作出现困难，更重要的原因是资金周转困难。《德法年鉴》一出版就受到了在法国的德国侨民的热切关注，但对一个报刊来说，读者量越大才越可能存活下来，显然只在巴黎发行是不够的。马克思他们想方设法想把报刊运到德国去，却遭遇到了普鲁士政府的激烈打击，反动政府发布全国性的命令说《德法年鉴》阴谋叛国，侮辱圣意，只要该报的编辑进入普鲁士立即逮捕。就这样，马克思、卢格等主编都上了普鲁士政府的通缉名单。这是马克思第一次成为被通缉人士。《德法年鉴》运往德国的途中大多都在入境时候被拦截下来，2000多册只有不到三分之一越过了边境，另外的三分之二都落入普鲁士警察手里。这对编辑部是个巨大的打击，也进一步加剧了卢格和马克思的矛盾。前面我们说过，卢格是个有钱人，但是有钱人不等于大方的人，他在承诺支付给马克思作为主编的工资上斤斤计较，甚至提出来以《德法年鉴》刊物抵偿马克思的工资。思想上的分歧和实际运营的龃龉，最终导致备受期待的《德法年鉴》刚一问世就夭折了，第一期第二期的合刊也成了最后一期。

我们该追求什么样的"解放"？

《德法年鉴》上除了发表了马克思给卢格的三封信外，还收录了马克思的两篇文章《论犹太人问题》和《〈黑格尔法哲学批判〉导言》。这是马克思高速运转的大脑里的一场风暴，他破旧立新，从一名革命民主主义者转变为一个共产主义者，从唯心主义者转变为唯物主义者。

《论犹太人问题》是一篇对准青年黑格尔派代表人物布鲁诺·鲍威尔火力全开的战斗檄文。在此之前，鲍威尔发表《犹太人问题》和《现代犹太人和基督徒获得自由的能力》两书，把犹太人的解放这一社会政治问题归结为纯粹的宗教问题，认为人们都应该摆脱宗教信仰，犹太人只有放弃犹太教信仰才能获得解放。对于这样一种"放下信仰立得解放"的隔靴搔痒，马克思无法坐视不理。犹太人的信仰并不是凭空产生的，他们信仰的拜金主义和唯利是图是由其生活的世俗性——经商和放贷决定的。不消灭这一社会基础，怎么消灭附着于其上的宗教意识呢？信仰问题的解决归根到底需要从现实基础上解决。于是马克思分别论述了政治解放和人的解放。

政治解放是什么意思？政治解放说白了就是要把国家从中世纪的宗教束缚中解脱出来，这是资产阶级革命的主要诉求之一，是政权反抗神权的努力。政治解放有进步性，有斗争性，但是不彻底也不纯粹。鲍威尔等人所讴歌的政治解放既不要求废弃私有财产，也不要求人们放弃宗教，这样一种"解放"又如何谈得上解放呢？马克思以犀利的笔触直指鲍威尔的"戾"和扬扬自得：政治解放不等于人类解放，政治解放不是终点——

"一方面，鲍威尔要求犹太人放弃犹太教，要求一般人放弃宗教，以便作为公民得到解放。另一方面，鲍威尔坚决认为宗教在政治上的废除就是宗教的完全废除。以宗教为前提的国家，还不是真正的、现实的国家。只是探讨谁应当是解放者、谁应当得到解放，这无论如何是不够的。批判还应当做到第三点。它必须提出问题：这里指的是哪一类解放？人们所要求的解放的本质要有哪些条件？只有对政治解放本身的批判，才是对犹太人问题的最终批判，也才能使这个问题真正变成'当代的普遍问题'。"

马克思以子之矛攻子之盾，指出，如果按照鲍威尔的想法，那些实现了政治解放的国家应该没有宗教了呀，可是实际上的情况是"政治解放已经完成了的国家，宗教不仅仅存在，而且是生气勃勃的、富有生命力的存在，那么这就证明，宗教的定在和国家的完成是不矛盾的。但是，因为宗

Zur Kritik der Hegel'schen Rechts-Philosophie

von Karl Marx.

EINLEITUNG.

Für Deutschland ist die *Kritik der Religion* im Wesentlichen beendigt und die Kritik der Religion ist die Voraussetzung aller Kritik. Die *profane* Existenz des Irrthums ist compromittirt, nachdem seine *himmlische oratio pro aris et focis* widerlegt ist. Der Mensch, der in der phantastischen Wirklichkeit des Himmels, wo er einen Uebermenschen suchte, nur den *Wiederschein* seiner selbst gefunden hat, wird nicht mehr geneigt sein, nur den *Schein* seiner selbst, nur den Unmenschen zu finden, wo er seine wahre Wirklichkeit sucht und suchen muss.

Das Fundament der irreligiösen Kritik ist: Der *Mensch macht die Religion*, die Religion macht nicht den Menschen. Und zwar ist die Religion das Selbstbewusstsein und das Selbstgefühl des Menschen, der sich selbst entweder noch nicht erworben, oder schon wieder verloren hat. Aber *der Mensch*, das ist kein abstraktes, ausser der Welt hockendes Wesen. Der Mensch, das ist *die Welt des Menschen*, Staat, Societät. Dieser Staat, diese Societät produziren die Religion, ein *verkehrtes Weltbewusstsein*, weil sie eine *verkehrte Welt* sind. Die Religion ist die allgemeine Theorie dieser Welt, ihr encyklopädisches Compendium, ihre Logik in populärer Form, ihr spiritualistischer Point-d'honneur, ihr Enthusiasmus, ihre moralische Sanktion ihre feierliche Ergänzung, ihr allgemeiner Trost- und Rechtfertigungsgrund. Sie ist die *phantastische Verwirklichung* des menschlichen Wesens, weil das *menschliche Wesen* keine wahre Wirklichkeit besitzt. Der Kampf gegen die Religion ist also mittelbar der Kampf gegen *jene Welt*, deren geistiges *Aroma* die Religion ist.

Das *religiöse* Elend ist in einem der *Ausdruck* des wirklichen Elendes und in einem die *Protestation* gegen das wirkliche Elend. Die Religion ist der Seufzer der bedrängten Kreatur, das Gemüth

*

《《黑格尔法哲学批判》导言》

ZUR JUDENFRAGE.

1) *Bruno Bauer : Die Judenfrage.* Braunschweig 1843. —
2) *Bruno Bauer : Die Fähigkeit der heutigen Juden und Christen frei zu werden. Ein und zwanzig Bogen aus der Schweiz. Herausgegeben von Georg Herwegh. Zürich und Winterthur.* 1843. S. 56—71. —

Von

KARL MARX.

I.

Bruno Bauer : Die Judenfrage. Braunschweig 1843.

Die deutschen Juden begehren die Emancipation. Welche Emancipation begehren sie? Die staatsbürgerliche, die politische Emancipation.

Bruno Bauer antwortet ihnen : Niemand in Deutschland ist politisch-emancipirt. Wir selbst sind unfrei. Wie sollen wir euch befreien? Ihr Juden seid Egoisten, wenn ihr eine besondere Emancipation für euch als Juden verlangt. Ihr müsstet als Deutsche an der politischen Emancipation Deutschlands, als Menschen an der menschlichen Emancipation arbeiten und die besondere Art eures Drucks und eurer Schmach nicht als Ausnahme von der Regel, sondern vielmehr als Bestätigung der Regel empfinden.

Oder verlangen die Juden Gleichstellung mit den christlichen Unterthanen? So erkennen sie den christlichen Staat als berechtigt an, so erkennen sie das Regiment der allgemeinen Unterjochung an. Warum missfällt ihnen ihr specielles Joch, wenn ihnen das allgemeine Joch gefällt! Warum soll der Deutsche sich für die Befreiung des Juden interessiren, wenn der Jude sich nicht für die Befreiung des Deutschen interessirt?

Der christliche Staat kennt nur Privilegien. Der Jude besitzt in ihm das Privilegium, Jude zu sein. Er hat als Jude Rechte,

*

《论犹太人问题》

教的定在是一种缺陷的定在,那么这种缺陷的根源就只能到国家自身的本质中去寻找"。我们要追求的是人类解放。人类解放是消灭私有财产,让每个人从"做生意和金钱中获得解放"。当私有财产消失了,那么与之相依附的宗教所产生的基础也就没有了,自然宗教意识也就无处安放了。实现了人类解放,意味着政治国家和市民社会的矛盾才能消失,也就是表面上虚假的政治平等和实际上现实的阶级剥削这一核心矛盾才能消失。

马克思在1843年居于克罗茨纳赫小镇的时候开始对历史和黑格尔法哲学进行深入研究。这一探索的成果就是《黑格尔法哲学批判》,为后面马克思创立唯物史观铺就了第一块基石。发表在《德法年鉴》上的《黑格尔法哲学批判》是马克思为自己的研究成果的一次通俗化的公开说明。在这篇文章里马克思有这样一段充满思辨智慧的话:"批判的武器当然不能代替武器的批判,物质力量只能用物质力量来摧毁;但是理论一经掌握群众,也会变成物质力量。理论只要说服人,就能掌握群众;而理论只要彻底,就能说服人。所谓彻底,就是抓住事物的根本。"对于鲍威尔等人用批判的武器代替武器的批判的做法,马克思犀利直言:前者代替不了后者,也就是说这帮人指望通过哲学的批判就能实现对社会的革命改造是脱离实际的唯心主义幻想。思想的批判并不能代替变革社会现实的革命实践,那是不是意味着理论批判就毫无用武之地了?不是的,马克思接着指出理论由群众掌握也能够变成物质力量。进行武器的批判的社会力量也不是鲍威尔之流的所谓哲学家、批判家,而是被他们看不上的广大劳动群众。"哲学把无产阶级当作自己的物质武器,同样地,无产阶级也把哲学当作自己的精神武器。"对现存的私有制社会,只有将批判的武器和武器的批判结合起来,才能对其实现彻底的改造。每次读到这段,不由得心生佩服:马克思,高!虽然只有26岁,但他的思想深度已经如此,在这篇论文里他明确论证了无产阶级的历史命运和能够创造的影响力,不仅表明他已经完成了向唯物主义和共产主义的转变，而且表明他向创立唯物史观又大大迈进了一步，远远地甩开了曾经的启蒙者——费尔巴哈的唯物主义。

在巴黎的友人们

与卢格分道扬镳是不可避免的，好在马克思在巴黎还有其他志同道合的战友和朋友，他们一起以笔为刀，刀刀刺向封建专制的铠甲。马克思的渊博知识和革命家的大无畏精神不仅使他在工人当中赢得了尊敬和友谊，而且还把侨居巴黎努力支持祖国反封建运动的那些真正的民主主义者吸引到自己身边。不论是民主主义者还是共产主义者，工人还是知识分子，都经常出入马克思家。来客中不仅有政治家，还有医生、政论家以及格奥尔格·海尔维格和海因里希·海涅两位诗人。

格奥尔格·海尔维格，是德国的著名诗人。他出生于斯图加特，1835年入蒂宾根大学攻读神学，次年被开除后，以新闻记者身份开始其文学生涯。1839年在服兵役期间，海尔维格因和军官发生冲突得罪了军官而被迫逃往瑞士。他在逃亡过程中完成了《一个活人的诗歌》，猛烈抨击封建专制主义。后来海尔维格因为发表致普鲁士国王要求改革的公开信而被驱逐出国，流亡瑞士、法国。1842年，海尔维格回到德国，春天的时候海尔维格曾在《莱茵报》上发表过一首题为《政党》的诗，秋天的时候在科隆结识了马克思，两人来往甚密。马克思担任《莱茵报》的主编以后，该报发表了海尔维格更多的诗篇。《莱茵报》也是最先（1842年9月）刊载海尔维格风行德国的如下著名诗句的一家报纸：

"广阔的天地啊，谁是主人？

是振翅翱翔的自由的灵魂。"

海尔维格的主要思想倾向是自由主义，政治信仰不坚定。1842年他还曾计划在苏黎世出版激进月刊《来自瑞士的德意志通报》，并建议马克思参加月刊的工作。后来这个月刊由于种种原因没有办成，编辑部为出版此刊物而征集的文章，于1843年夏以文集的形式出版。海尔维格曾写出这样的诗句：

"劳动的人们，清醒点！

得看到自己的力量！

只要你不想再干，全部的机器都会停转。

你已累得筋疲力尽，

只要你把犁一扔，

大声喊叫'这样下去不行！'

压迫者就会落魄丢魂。

把双重枷锁砸掉！

不受贫穷的苦！

解除当奴隶的烦恼！"

不难理解为什么马克思会和他交朋友。但两人的友谊并不长久，海尔维格对共产主义始终提不起什么希望，言语和作品中总是充满对未来的感伤。显然这和马克思昂扬的革命气场是难以调和的。海尔维格这样评价马克思："他是最后学究的完美化身。一个不知疲倦的工作者和伟大的学者。他知道这个世界较多地在于理论，而不是时间。他完全清楚自己的价值……他对对手的讽刺具有刽子手刀斧的冷静锐利。"

1848年法国巴黎二月革命爆发后，海尔维格在巴黎组织德意志民主协会。德意志1848年革命开始后领导德意志侨民组织志愿军团，这支部队以建立共和国为宗旨，于4月冒险进入巴登境内，旋被击溃，他逃回巴黎。他的冒险举动及其对小资产阶级民主的追求导致马克思和恩格斯同他断绝关系。

另一位革命诗人海因里希·海涅当时在巴黎比海尔维格更受关注，20岁出头就成为著名的诗人。他是马克思很珍惜的一个朋友。1843年，经由卢格介绍，马克思与海涅结识。那时马克思25岁，海涅44岁。对马克思而言，这是"追星成功"，因为早在这之前，海涅已经是马克思心仪已久的诗人。从我们现在见到的资料来看，马克思在1837年也就是在他19岁的时候，写给他父亲的一封信里，就引用了海涅《世界》一诗的诗句。在马克思和恩格斯的著作里他们都曾经多次引用海涅的诗来表达自己的观点。例如，马克思在谈到海涅的诗的语言时，曾这样写道："精致的文学始于海涅；它的使命是在于磨炼那十分需要磨炼的语言。在诗歌中已经做到了。至于散文则比以往任何时候还坏。"

海涅与马克思夫妇来往密切，他在巴黎时所撰写的那些优美的诗篇，通常都会第一时间请马克思和燕妮阅读、提意见。马克思和燕妮也很喜欢这个朋友，每一次认真聆听他诵读自己新写的诗歌，都会非常热心而认真地帮忙修改、润色。有一次，有个作家在报纸上发文攻击海涅，敏感的诗人海涅哭哭啼啼地来找马克思。马克思立马和燕妮沟通情况，两人运用耐心的安抚和真挚的友谊帮助海涅走出了悲伤的情绪。几乎天天去拜访马克思一家的海涅还曾经救了小婴儿燕妮一命。当时小燕妮突发抽搐，新手爸妈马克思和燕妮束手无策急得要发疯，海涅果断采取措施：给孩子洗个热水澡。很快，小燕妮的抽搐止住了。

受马克思的影响，1844年的海涅尤其高产，完成了《冬天的童话》《织工之歌》等多篇著名诗篇。梅林在他的《海涅评传》里也写道："在他们相处的日子里，海涅的讽刺诗达到了一种使之在世界文学中永远具有突出地位的高度，这里肯定也有马克思的一份功劳。"例如，海涅的名篇《西里西亚织工之歌》，明显能看到马克思的影响。

忧郁的眼睛里没有泪花，

他们坐在织机旁咬牙:
德意志,我们织你的裹尸布,
我们织进三重诅咒——
我们织,我们织!

一重诅咒将上帝咒骂,
我们在饥寒交迫时求过他;
希望和期待都是徒然,
却被他戏弄、揶揄、欺骗——
我们织,我们织!

一重诅咒给富人的国王,
他毫不关心我们的痛痒,
他刮去我们仅有的分币,
把我们当作狗一样枪毙——
我们织,我们织!

一重诅咒给虚伪的祖国,
这儿到处是无耻和堕落,
好花很早就被采摘一空,
霉烂的垃圾养饱了蛆虫——
我们织,我们织!

梭子像在飞,织机咯吱响,
我们织不停,日夜多紧张——

> 老德意志啊，织你的裹尸布，
>
> 我们织进了三重的诅咒，
>
> 我们织，我们织！

与海涅的交往虽然时间并不长，但马克思始终忠诚于这段友谊。马克思不仅视海涅为一名诗人，还把他看成一位战士。在白尔尼及其支持者联合起来攻击海涅的时候，马克思坚定地站在海涅一边，甚至要着手撰文声援海涅。但时间有限，马克思的这一想法没有实现。当时他们联合起来指控海涅叛国，言论影响力不小，甚至让恩格斯也动摇了对海涅的认知，但是马克思却没有被迷惑。海涅形容马克思和他是"用不了多少符号就能互相了解"的知己。

第六章　时代青年聚首与一世携手

克服了冷冷淡淡的初次会面，马克思在1844年夏日的巴黎正式结识了一生中最重要的男人——恩格斯。他们共同完成了《神圣家族》，与青年黑格尔派划清界限，进行了一场自我的思想清算；投身到《前进报》，向黑暗的社会现实发出了一篇篇强有力的檄文；共同的理念和立场，让他们并肩创作了《德意志意识形态》，遗憾的是却没有机会出版，只能"留给老鼠的牙齿去批判"；两人不仅共同发表论文，还创建了历史上第一个无产阶级政党。他们共同创作的《共产党宣言》成为两人友谊和思想的最佳见证。国际共产主义事业的两个最伟大的革命导师携手一生，并肩作战，为人类友谊贡献了一段最美的佳话。

遇到马克思之前的恩格斯

弗里德里希·恩格斯出生在德国伍珀塔尔一个富有的资产阶级宗教家庭，家里世代经商，且信奉虔诚主义（基督教新教的一个派别）。自幼聪慧的他追求自由和进步，与自己保守的家庭格格不入。老恩格斯送他去爱北斐特中学接受最好的教育，却在他临近毕业的时候强制休学让他回家学习经商业务，作为一个"中学肄业生"，恩格斯没有机会进入自己心仪已久的大学。老恩格斯一开始安排他在自己家的商行里实习，无奈地发现被他寄予厚望的儿子还是没有接受现实。恩格斯对那些生意经不感冒，空闲时间要么就自学历史、哲学和各种外语，要么就跑出去参观工厂、作坊，观察社会生活。与在学校的学习不同，这里的生活体验是生动的，他亲眼所见信奉虔诚主义的工厂主做起事来贪婪得倒是一点都不含糊，这让他在学生时代就已经开始萌芽的民主主义思想悄悄发展起来。老恩格斯不甘心自己的大儿子就这么应付商行的实习，想着可能是自己的商行太小了吧，满足不了他，那就给他找个大商行实习吧。于是老恩格斯联系了在不来梅的朋友亨利希·洛依波德，送恩格斯去这个大商行实习。

实习的经历让恩格斯从直观上体验到宗教信仰与现实生活的冲突，虔诚主义为工厂主所犯下的罪行做辩护，宣扬富贵和贫贱都是注定的。劳动人民"为谁辛苦为谁忙？"从小耳濡目染的宗教教义并不能给他答案。在接触到青年德意志运动的作品之后，宗教信仰与现实的冲突促使他急于通过擅长的文学创作来发泄。恩格斯于1839年发表了第一篇政论文章《伍珀塔尔的来信》，像一把抛向剥削制度和宗教虔诚主义的匕首，刺痛了伍珀塔尔的统治者。青年德意志运动在恩格斯成长为革命民主主义者的过程中发挥了重要作用，但随着恩格斯思想逐渐成熟，他越发体会到，青年德意志派所表现出的悲观厌世的情绪和玩弄华丽辞藻的矫情做派让人无法忍受。恩格斯认识到，他和他们终归不是一路人。

现实与宗教教义的冲突，加上青年德意志的影响，让恩格斯对虔诚主义产生了强烈的反感，他急于摆脱宗教观念的束缚，但是这一转变的过程太痛苦了。痛苦的转变过程需要一味催化剂，所幸恩格斯遇到了，这味催化剂就是青年黑格尔派代表人物施特劳斯写作的《耶稣传》。施特劳斯通过具体分析《圣经》里的故事，得出结论：关于耶稣的神奇故事并不是真的，而只是一些神话传说，是不同的作者创作的片段组合起来的。读了此书，恩格斯打开了新世界的大门，他第一次意识到可以用理性来分析《圣经》。一分析起来，就发现自己熟知的经典教义矛盾重重。借助于这本《耶稣传》，恩格斯摆脱了纠缠在心里十几年关于上帝是否存在的疑惑，从而能够大声宣布：永别了，宗教信仰！至此，恩格斯实现了和自己家庭的"双重背叛"：既背叛资产阶级出身，站在无产阶级的一方，又背叛了宗教信仰。

1841年9月，21岁的恩格斯迎来了人生中的一次重要转折——征兵工作开始了。为了摆脱父亲的管束，也为了有机会与青年黑格尔派建立联系，恩格斯兴冲冲地报名去柏林服兵役了，成为一名炮兵下士。一年的军事训练让恩格斯受益匪浅，但更重要的是他在柏林大学的求学经历。柏林大学是德国学术活动的中心，也是青年黑格尔派的主要活动场所。这一时期，随着谢林到柏林大学任教，一场激烈的思想斗争悄悄拉开序幕。谢林何许人也？他年少成名，23岁就当上了教授，创建了客观唯心主义的"同一哲学"体系。但是随着年龄渐长，谢林越发保守，蜕变为封建专制制度的辩护士。因为他盛名累累、立场保守，完美地契合普鲁士当局的口味，自然就成为当局打压青年黑格尔派的最佳人选。谢林在柏林大学第六讲堂开课，座无虚席的会场里是来自欧洲各国的听众，大家都想亲眼看看"哲学大佬"谢林怎么批驳黑格尔。后排坐着一个穿着军装、精神抖擞的义务兵，他就是恩格斯。谢林不仅攻击黑格尔没有哲学体系，还声嘶力竭地宣扬他那神秘的天启哲学，用"君权神授"的老梗为国王做辩护。年轻的恩格斯加入了公开向谢林宣战的战斗中，从1841年底到1842年初几个月的时间里，恩格斯连续写了三篇批判谢林的小册子《谢林论黑格尔》《谢林和启示》《谢林——基督的哲学》。他用巧妙的语言讽刺和揭露了谢林主义的反动本质——在政治和宗教上争夺对德国的统治权，打压革命和进步因素。这三篇论著像三发射向谢林的子弹，让谢林万万没想到打得自己狼狈不堪的对手竟是自己的一个听众。卢格激动地写信热情赞扬恩格斯"把柏林所有的老蠢材都抛在后面了"，称呼他为"博士"。卢格、青年黑格尔派的其他人和谢林一样，压根就不会想到写出如此文章的人竟然是个中学都没毕业的年轻炮兵。

恩格斯在柏林大学做着快乐的旁听生，时不时跟青年黑格尔派的一些人聚会，尤其是跟"博士俱乐部"的成员们聚会。聚会时不在场的马克思名字出现频率太高，高到恩格斯恨不得马上带着酒去拜访马克思，却遗憾地得知马克思已经从柏林大学毕业，返回他的家乡特里尔了。

一见不如故

从1842年开始，恩格斯在给《莱茵报》供稿的时候注意到马克思也在上面发文章，文章无论是内容还是文风都让他遥以马克思为知己。但是，这对被后世视为最坚固的"老铁组合"，会面却是一波三折。恩格斯第一次拜访马克思的时候，是他从柏林返回家乡的途中，不料马克思不在科隆，恩格斯在《莱茵报》编辑部受到了赫斯等编辑的热情招待。

返回家乡后，家乡的沉闷和他离开之前没有任何变化，恩格斯心生厌倦。为了避免德国的新思想继续"荼毒"恩格斯的脑袋，老恩格斯决定把他送出国。当时英国的纺织工人大罢工刚刚被资产阶级镇压下去,英国社会普遍流传着不会再发生革命的调调。在老恩格斯看来,英国社会稳定又务实,不像德国流传各种新思想、新观念"祸害"他那个本来就有革命倾向的大儿子。于是,老恩格斯决定把恩格斯安排到他和合作伙伴在曼彻斯特开的公司工作,希望他能在繁忙的业务中打消各种混世魔王似的念头。让老恩格斯意外的是,恩格斯一听到这个安排毫不犹豫就接受了。老恩格斯不知道的是,恩格斯并非对大公司的工作感兴趣,而是沉闷的家乡生活本来就让他对英国这个工业文明兴盛发展的"远方"充满向往。这次,各怀心思的父子二人达成一致。

1842年11月底,恩格斯动身前往英国。但是想到自己到了英国后,再去拜访马克思就比现在难多了,至今还没见过这位偶像呢,于是他决定绕路再去一次科隆。好在这次在《莱茵报》编辑部见到马克思了。

第二次拜访虽然成功见到马克思,但是马克思对恩格斯的来访特别冷淡,这与恩格斯的热情期待显得落差很大。不了解详情的读者和当时的恩格斯一样困惑,第一次见面,马克思为什么这么不待见恩格斯?

这就得说一下另一对"老铁组合"——鲍威尔兄弟了。埃德加尔·鲍威尔和布鲁诺·鲍威尔两兄弟都是"博士俱乐部"的成员,和马克思交往频繁。鲍威尔兄弟俩和马克思在《莱茵报》的办刊主旨问题上分歧巨大。鲍威尔兄弟俩主张报纸应该主要宣传无神论,立场坚定的马克思坚决反对这种不温不火的立意,革命者的报纸就应该名副其实地宣传革命主张、反对专制制度,不可调和的意见分歧让马克思和鲍威尔兄弟吵得不欢而散。而恩格斯和鲍威尔兄弟同样交往密切,尤其和埃德加尔·鲍威尔是挚友。那时的马克思虽然没有见过恩格斯,但是对他们的情况已有耳闻,所以当看到恩格斯出现在面前时,马克思猜测恩格斯是来当"敌人"的说客,心里难免不舒服。一交谈,发现性情耿直的两人讨论起问题来基本主张和立场都是一致的，但是一涉及鲍威尔兄弟的问题就疙疙瘩瘩。

我们站在恩格斯的立场上也不难理解这个尴尬的会面现场。因为恩格斯那时候还没有彻底想清楚鲍威尔兄弟的主张缺陷。好在第一次见面的冷冷淡淡，并没有打翻两人友谊的小船。两个革命的学术青年虽然心里都有点小疙瘩，但依然约定继续以文会友，恩格斯继续担任《莱茵报》的通讯员。两人在你来我往发表的文章中明了彼此高度一致的政治主张和信念追求，通过不同的道路变革了世界观而走上了同一条道路。有趣的是，马克思和恩格斯合写的第一部著作就是《神圣家族》，而这本书恰恰是批判曾经造成两人初次会面不顺的鲍威尔兄弟。下一章我们再详细说说《神圣家族》的事情。

再见成至交

拜别马克思后，恩格斯登上了去英国的轮渡。到达曼彻斯特之后，恩格斯保留了热衷于到厂区、工人居住区串门走访的习惯，他继续辗转于不同的工人住宅区，目睹了一桩桩阶级对立、社会分裂的事例。恩格斯深入工人生活当中，从最初看到工人们有丰富的学识的震惊到随着交往加深而充分了解的佩服，恩格斯在曼彻斯特的工人聚集区找到了快乐和归属感。所以，当他在工作和聚会中看到资产者们纵酒取乐、神吹胡侃的景象时，强烈的对比令他得出了一个大胆的结论：工人阶级是最进步、最有远大前途的阶级。一个从世代经商的家庭里出走的青年，却背叛了他的阶级和出身，反思自己所属阶级的堕落和虚伪，在穷苦、脏乱的工人住宅区里看到了未来世界的光芒。这是在恩格斯心中掀起的一场惊涛骇浪，呼啸的海浪再也无法抑制。

如果说，恩格斯初涉社会时写下的《伍珀塔尔来信》，只表达了作为一个革命的民主主义者从感性上对工人们悲惨生活的同情,那么此时的恩格斯通过在曼彻斯特"田野调查"式的研究,已经开始对工人阶级的历史命运进行深刻的理性思考。他投入英国的工人运动中,开始了他人生中一次重要的转折。在曼彻斯特的亲身体验让恩格斯充分认识到经济因素在社会发展中发挥的作用是决定性的,他看到了在英国此起彼伏的政治斗争、政党竞争中,物质利益像个原点一样时时处处在昭告自己的基础作用。在阅读圣西门、傅里叶等社会主义者的学说时,恩格斯发现,这些机智的先哲一到论述的关键节点就摆出一些抽象的理论原则,原因就在于他们对社会经济状况没有充分了解。恩格斯这才是"实践出真知"的现身说法。他动笔写作完成了四篇文章,其中《政治经济学批判大纲》《英国状况——评托马斯·卡莱尔的〈过去和现在〉》两篇发表在《德法年鉴》上。前面我们也讲过了马克思发表的两篇论文《论犹太人问题》和《〈黑格尔法哲学批判〉导言》。这些就是标志着两人彻底实现世界观转变的里程碑。

恩格斯于1844年2月底就拿到杂志样刊,在阅读了马克思的文章之后,也意识到鲍威尔兄弟在理论上的巨大缺陷,并从马克思的文章中看到了德国革命的前景和希望,也彻底理解了马克思当初会面时候的冷淡缘由。而马克思也通过恩格斯这两篇文章彻底认识了这个自己后半生最真挚的战友。尤其是《政治经济学批判大纲》一文让马克思有醍醐灌顶的感觉,他在阅读之后多次、多场合向别人介绍恩格斯这一文章,说这是"天才大纲",也是这篇文章成为启发马克思此后研究政治经济学的起点。

收到父亲召他回德国的消息后,恩格斯绕路到了巴黎再次拜访马克思。这是两人真正意义上的会面,1844年巴黎夏末的阳光和夜晚明朗的月光见证了两位挚友契合又默契的相处的点点滴滴。恩格斯受到了马克思的热烈欢迎和热情招待,家里因为恩格斯的到来充满欢声笑语。马克思带着恩格斯参加巴黎的工人活动,向他引见巴黎社会主义者,与"正义者同盟"建

第六章 时代青年聚首与一世携手 _115

*
青年恩格斯

Die heilige Familie,

oder

Kritik

der

kritischen Kritik.

Gegen Bruno Bauer & Consorten.

Von

Friedrich Engels und Karl Marx.

Frankfurt a. M.
Literarische Anstalt.
(J. Rütten.)
1845.

*
《神圣家族》

立了直接联系，除此之外，两个人大部分时间都在书房里不分昼夜地讨论又讨论，话题从经济到政治到哲学。在《德法年鉴》的基础上，两人互相发现思维认识和价值立场已经达成了高度一致，于是决定合写一部著作把鲍威尔兄弟的理论缺陷说清楚。两人一起商定了题目、大纲和各自的分工，恩格斯在巴黎驻留的10天时间里，按照分工顺利完成了自己的部分，而马克思在写自己的那部分时却写得远超计划，越写越停不下来。这也能够看出来马恩两人不同的写作风格。最终一直到1845年2月，两人共同创作的第一部著作《神圣家族，或对批判的批判所作的批判。驳布鲁诺·鲍威尔及其伙伴》在法兰克福出版。

这么长的题目有什么讲究吗？有的。当初鲍威尔兄弟为了跟《德法年鉴》唱对台戏专门办了一个政论期刊《文学总汇报》，听上去是个走文艺路线的刊物，实际上是鲍威尔对政治和哲学问题的论述，其中他下大力气批判马克思背叛了青年黑格尔派的基本原则，俨然要把马克思清理出青年黑格尔派这个"门户"。马克思本来就打算回击鲍威尔，恩格斯的来访和彻夜交谈让他更有动力了。由于鲍威尔等人声称自己的文学报是"对批判的批判"，所以马克思给自己这篇文章取的名字叫"对批判的批判所作的批判"。到了出版的时候，马克思的好友、出版商列文塔尔博士建议马克思取名"神圣家族"。马克思欣然接受，因为"神圣家族"这个名称，本来是指意大利著名画家安得列阿·曼泰尼亚的一幅画的名字，画中的人物是圣母玛利亚抱着圣婴耶稣，旁边有玛利亚的丈夫圣约瑟，有圣伊丽莎白，圣约翰、圣亚那以及一些天使和神父。取"神圣家族"做书名，就是借此讽刺鲍威尔等人的妄自尊大，自以为超乎群众之上的丑态。这么具有讽刺意味的书名实在再合适不过了，原来的题目就成了副标题。

青年黑格尔派的理论基础是思辨唯心主义哲学，与唯物主义相反的是，他们认为主观意识是客观存在的基础，他们要做的就是让客观世界服从于主观创造的精神、思维和概念这些意识。鲍威尔深信参与政治的唯一出路就是回到纯粹的哲学、纯粹的理论和纯粹的批判上去，哲学是世界的主宰，在鲍威尔看来，现实的力量是不存在的。《文学总汇报》的核心主张就是"精神"和"群众"对立。他说："迄今为止，历史上的一切伟大活动之所以从一开始就是不成功的和没有实际成效的，就是因为它们引起了群众的关怀和唤起了群众的热情。换句话说，这些活动之所以必然遭到非常惨烈的结局，是因为它们的主导思想就是这样一种思想：它必须满足于肤浅的理解，因而也就必然指望博得群众的喝彩。"看看鲍威尔是有多看不起群众啊。就他怀着这样的思想观点，还批评马克思走现实路线，马克思则"是可忍，孰不可忍"了。尤为重要的是，鲍威尔之流以黑格尔的嫡传继承人自居，实际上黑格尔哲学确实被他们弄到荒谬的地步了。在黑格尔那里，绝对精神只是在想象中创造历史，但黑格尔始终警醒一种极端错误的倾向，即认为哲学家就是绝对精神的化身。而鲍威尔等人标榜自己作为哲学家就是批判的化身、绝对精神本人，而他们是与其他人类对立的。

马克思、恩格斯在《神圣家族》里开篇先用创造性的批判笔触写出了鲍威尔关于历史现象的空洞感，针对鲍威尔关于"精神"和"群众"对立、"思想"和"利益"对立的荒谬言论，马克思提笔写下一句振聋发聩的话："思想"一旦离开了"利益"，就一定会使自己出丑。马克思的"论战"功底在《神圣家族》里体现得淋漓尽致，他妙语连珠，短短几句就能描画出以鲍威尔兄弟为代表的青年黑格尔派的矛盾："在'群众'要求按原则和本性'不能提供任何东西'的批判提供一些东西或甚至一切东西，于是批判的家长在对'群众'的不正当的要求愤恨之余，以长者的口吻讲述了如下的一段趣闻：不久以前，柏林的一位熟人大为抱怨他的著作（大家知道，布鲁诺先生根据一个小得不能再小的幻想而写成了这部臃肿不堪的著作）

冗长不堪，废话连篇；鲍威尔先生安慰他，答应为了使他便于理解而赠给他一种印书用的像小圆球一样的油墨。这位家长用油墨的不匀来解释自己的'著作'的冗长，正像他用'世俗的群众'（他们为了充实自己而想要一口吞下一切和无）的空虚来解释他的'文学报'的空虚一样。"如此充满哲理的犀利讽刺，难怪鲍威尔毫无招架之力。

马克思和恩格斯在这时还没有完全摆脱过去哲学的影响，他们在序言的开头就提出费尔巴哈的"真正的人道主义"来反对布鲁诺·鲍威尔的思辨唯心主义，无条件地承认费尔巴哈的天才结论。但是他们不止于费尔巴哈，他们通过费尔巴哈走得更远，走向了社会主义，从抽象的人走向了历史的人，并且以高超的洞察力探索社会主义种种复杂问题的答案。

按照两人筹备书稿的分工，恩格斯很快完成了自己的那一部分，篇幅一个印张多一点。10天相聚的时间实在太短了，恩格斯怀着恋恋不舍的心情离开了巴黎。等回到家后，恩格斯得知马克思已经把约定的"小册子"写成了20个印张的时候，我们可以想象恩格斯有多震惊。震惊之外，还有更加震惊的，这本书他只写了很小一部分，而他的名字却赫然印在了扉页的第一个位置。这就是学者马克思，他以最严谨的态度治学，不能为了妥协而勉强和应付；这就是好友马克思，他以最热情诚挚的心态与朋友交往，而不是计较利益得失。而恩格斯随后的行为也证明了其高尚的作风，他马上给马克思写信，坚持要把自己的名字去掉。这就是马克思和恩格斯的友谊。

列宁曾这样评价马克思和恩格斯的友谊："古老的传说中有各种非常动人的友谊故事。欧洲无产阶级可以说，它的科学是由两位学者和战士创造的，他们的关系超过了古人关于人类友谊的一切最动人的传说。"从此以后，有一种友谊就叫"马克思和恩格斯"。

第七章　新世界观起航与思想清算

在积极参与到《前进报》的工作后,马克思和其他同事收到了驱逐令,显示24小时离开巴黎。穷困的马克思流亡到布鲁塞尔,不久后和恩格斯在布鲁塞尔重逢。两人兴致勃勃地交流在巴黎分别之后的思想进展和研究工作,并欣喜地发现两人在确立新的世界观和批判资本主义方面已经达成了高度的一致。于是两人联合创作了一部清算以往哲学的大部头——《德意志意识形态》。

流亡布鲁塞尔

马克思人生中第一次接到的驱逐令内容十分简短：限你 24 小时内离开巴黎。这是法国内务部于 1845 年 1 月 11 日发来的。

源头还得从一年前说起。1844 年初，巴黎出现了一份每周两期的德文刊物《前进报》。一开始这个刊物的政治特色还不怎么明显，从聘请了民主主义政论家贝尔奈斯担任主编之后，这个报纸开始大胆地发表一些具有革命民主主义倾向的文章。刊物不仅激烈批评普鲁士的专制制度，还对共产主义者、社会主义者敞开了怀抱。马克思、恩格斯、海涅、海尔维格、卢格、巴枯宁等人相继加入，纷纷在上面撰文立说。马克思很看好《前进报》，不仅投稿，还从 6 月开始参与指导报纸的编辑工作，让报纸的共产主义立场越发显现。

1844 年 6 月，德国发生震动整个欧洲的西里西亚纺织工人起义，在游行示威进入高潮阶段后，政府出动大批军队进行镇压，工人们立刻发动武装起义，与军队和反动政府浴血奋战。虽然起义被血腥镇压，但西里西亚纺织工人的英勇斗争写在了德国和国际工人运动史册上。马克思、恩格斯、海涅以及后来成为马克思一生挚友的威廉·沃尔夫都坚决写文、写诗支持工人，坚定地站在工人的一边。唯独卢格不这么做，西里西亚纺织工人起义像是一面照妖镜，照出了卢格这样的"魑魅魍魉"。卢格以"普鲁士人"这个阴阳怪气的笔名在《前进报》上发表了一篇文章竭力贬低工人起义，污蔑德国的无产阶级，讽刺他们目光短浅毫无大志，否认工人起义是因为遭受深重的剥削，变着法儿地给普鲁士专制制度做辩护。马克思马上予以反击，写了《评一个普鲁士人的〈普鲁士国王和社会改革〉一文》，彻底批判了卢格的反动观点。把卢格气得在信里大骂马克思是"不要脸的犹太人"。

《前进报》办得气势如虹，必然引发各方关注，这其中就有普鲁士政府暗中观察的目光。尤其在海涅连续发表讽刺普鲁士国王的诗歌作品之后，普鲁士政府坐不住了。怎么收拾这些"危险分子"呢？为此普鲁士方面可没少费脑筋。他们驾轻就熟的方案是宣布这些"危险分子"侮辱圣上、颠覆政权，在国内可以随时批捕。但是棘手的是现在这些"眼中钉"都不在普鲁士境内，这可怎么办？普鲁士于是开始施展外交手段，通过普鲁士驻巴黎的大使向巴黎政府下达查封《前进报》的要求。经过一段煞费苦心的交涉，巴黎方面同意制裁《前进报》，但是巴黎政府毕竟不归你普鲁士管，于是这个制裁也打了点折扣，以《前进报》未缴纳保证金为由，对其处以罚金，为了让普鲁士方满意又增加了一个罪名"教唆谋刺国王"，把主编押上了法庭。但是这种制裁并没有多大的震慑力，《前进报》马上宣布改为月刊出版——月刊不用缴纳保证金。普鲁士政府大为光火，继续加紧对巴黎施压。法国的大臣苏日安从一开始就知道当普鲁士的帮凶只会让自己颜面无存，但是迫于压力还是同意了，对《前进报》很多编辑和撰稿人下了驱逐令。里面唯一的例外是海涅，因为海涅实在太火了，火到整个欧洲都知道这个大诗人，法国政府不敢冒天下之大不韪。

收到驱逐令后，《前进报》的大多数编辑和撰稿人都通过各种方式给自己开脱，想方设法留在巴黎。特别是卢格，积极奔走于德法两国机要部门之间，就差拿个大喇叭高喊"不要伤害我这个友军"了，果然，成效显著——卢格安全留在了巴黎。马克思脖子一梗，绝对不去请求政府的赦免。他不得不离开生活了15个月、一直很喜欢的巴黎。

马克思决定去布鲁塞尔，先由马克思在布鲁塞尔安顿好之后，随后燕妮带着孩子去布鲁塞尔会合。仓促的流亡生活从一开始就充满困难。家里的钱已经用光了，去布鲁塞尔的路费甚至都要去借，给女佣海伦·德穆特的工资已经拖欠了好几个月了，去布鲁塞尔的居所还完全没有着落……太惨了，马克思还不得不告别自己在巴黎的友人，其中他尤为不舍的就是海涅，与海涅的分别让他十分难过。

1845年2月3日，寒冷萧瑟的天气里，马克思抵达布鲁塞尔。

但是，马克思不能说到了布鲁塞尔，就能在此定居，要得到政府批准。马克思就向比利时国王列奥波特一世递交了一份申请书，请求批准他居留比利时。第二天，他被传到"社会治安机关"去，比利时方生怕马克思像批判普鲁士一样批判自己，要他提出不发表评论比利时政局的任何言论的书面保证。实际上，这个要求让马克思哭笑不得，因为他既不打算、也不可能过问这些事情。于是，马克思坦然地签署了这个保证，这样，才得到定居布鲁塞尔的批准书。

得到批准就意味着可以安心居住了吗？显然我们高估了反动政府的人品。普鲁士政府不依不饶，继续向比利时当局提出驱逐马克思的要求，势必要让马克思成为一只"丧家之犬"；比利时当局对马克思还是不放心，即便马克思签了保证书，他们还是派警察一直盯梢马克思，随时防着马克思发表不利于自己的政治言论。由于这个缘故，马克思就在1845年的12月1日宣布脱离普鲁士国籍。从此以后，马克思一生没有再加入普鲁士或者别国国籍，真正成为一个"没有祖国的人"。

除了一到布鲁塞尔就遭受政治责难，更难的挑战是生活。

比利时首都布鲁塞尔风景秀丽，工业化程度很高但社会生活一团平静，与风云激荡的巴黎相比像个世外桃源。靠着燕妮匆忙典当了银制的刀叉餐具才勉强凑出来路费的马克思，此时并没有心情去感受这种平静的美景。他在思想领域纵横驰骋，而在生活领域却是个一窍不通的"孩子"，手捏着燕妮罗列的详细的注意事项单子，比如，打听一下带家具的房间和不带家具的房间租金分别是多少钱、要注意房间有没有壁橱、还要考虑你那么多书怎么摆放……生活白痴如马克思,一筹莫展。囊中空空的他找不到租得起的房子,只能去住最便宜的小旅馆。一筹莫展之际,被迫辞退的女佣德穆特(马克思家人和友人都称她为琳蘅)如天降神兵一样来到了马克思身边。原来她离开巴黎后没有回德国,而是带着行李箱径直来到了布鲁塞尔与马克思取得联系。往后的岁月必将还有很多艰辛,但琳蘅决心与马克思一家过流亡的生活。琳蘅很快就把住所安顿好了,找到了一个破旧的临时住所,条件比小旅馆要好一些,让马克思感激不已。燕妮在这段时间也吃了很多苦,一个曾经的贵族小姐一边带着孩子,一边匆忙联络将家里能典当、能出卖的家居、用品出手,她的嫁妆也卖得不剩什么了。很快,燕妮带着不到一岁的小燕妮也到了,虽然穷困潦倒甚至到了吃不起饭的边缘,但好在一家人终于团聚在一起了。他们的坚强和乐观让人动容。5月初,马克思一家租到了位于同盟路5号的房子,可是第二期房租已经拿不出来了,吃饭都要靠赊账才能勉强解决。正在这时,恩格斯的援助和温暖的信一并到来,极大地缓解了马克思的困顿。

原来,恩格斯得知马克思被巴黎政府驱逐之后,就马上在德国家乡找到社会主义者的一些团体进行募捐,动员大家一起支援马克思。

恩格斯在信里写得详细又温暖:

"我一听到你被驱逐的消息,就认为有必要立即进行募捐,以便按共产主义方式让我们大家分担你因此而支出的意外费用。这件事办得很顺利。三星期前,我给荣克寄去了五十多个塔勒,也给杜塞尔多夫的人写了信,他们也已经筹到同样数目的款子;在威斯特伐里亚,我已经委托赫斯发起了这方面的必要的宣传。这里的募款还没有结束,被画家克特根耽误了,因此现在我还没有得到全部应收的款子。但我想,过不几天就能全部收齐,然后把汇票给你寄到布鲁塞尔去。我还不知道,这些钱够不够使你在布鲁塞尔安顿下来,所以不言而喻,我是万分乐意把我的第一本关于英国的书的稿酬交给你支配的;这本书的稿酬我不久至少可以拿到一部分,而我现在不要这笔钱也过得去,因为我会向我的老头借钱。至少,不能让那帮狗东西因为用卑劣手段使你陷入经济困境而高兴。"

恩格斯信里说的"第一本关于英国的书"就是后来著名的《英国工人阶级状况》。收到稿费后,他一分不剩全寄给了马克思。

《德意志意识形态》的沉浮

随后,恩格斯因为反抗老爹的经商安排与老爹大吵一架,最终被赶出家门,恩格斯反倒很高兴,马上赶到布鲁塞尔与马克思重逢了。他租下了马克思住所附近的一个房子,很快和燕妮等人都成为好朋友。马克思由于和比利时政府签了协定,较少从事政治活动,而将大部分时间用于从事理论研究,他大量阅读麦克库洛赫和李嘉图的书,筹备写一部《政治和政治经济学批判》,但后来出版商取消了合约,这本书也没有机会问世。但是,马克思没有停下思索,他的头脑里已经掀起滔天巨浪。刚到布鲁塞尔不久,马克思就写下了《关于费尔巴哈的提纲》。这是新唯物主义的问世之作。与马克思重逢的恩格斯,看到《提纲》深受震撼,马克思的《提纲》是一次历史观的革命。

为了更好地理解和阐释这一新的历史观,两人意识到要放在实践中去考察。筹措好路费之后,1845年7月12日,他们踏上了去英国的旅程。为什么选择去英国呢?因为那里是资本主义"世界工厂",是获取资本主义经济资料最合适的地方,并且马克思和恩格斯有意识地要与英国工人运动建立联系。其中,恩格斯在他第一次居住英国期间已经给罗伯特·欧文的刊物《新道德世界》和宪章派的报纸《北极星报》写稿了。再次来到英国,便于他恢复一些旧日的交情。

在一个多月的旅行里，马克思和恩格斯先去了曼彻斯特。面对当时世界上最具有代表性的工业化发展水平，马克思大受触动。无论是之前在德国还是在法国的所见所闻，都不如英国资本主义的发展这样突出。他们在曼彻斯特的切塔姆图书馆收集经济、社会史研究资料，徜徉在知识的宝库里的感觉实在太好了。对这段美好时光，恩格斯一直念念不忘，24年后的某一天，坐在同一图书馆同一位置的恩格斯给马克思写信，一起回忆这段共同研究的日子："最近几天我又坐在小楼凸窗处的方形斜面桌前勤奋地工作，这是我们24年前曾坐过的地方；我很喜欢这个位置，因为那里有彩色玻璃，阳光始终充足。图书馆馆员老琼斯还健在，但是很老了，已经不再做什么事了，我在那里还没有见到他。"

在返回布鲁塞尔的途中，恩格斯带着马克思在伦敦驻留了几天，时间虽短，但是他们的工作密度极高。在这里，恩格斯介绍马克思认识了英国宪章派的领导人朱利安·哈尼、正义者同盟领导人沙佩尔、莫尔等，此外，他们还见到了魏特林。魏特林是社会主义运动的大佬，在会面时马克思和恩格斯高度称赞魏特林作为德国第一个空想共产主义代表人物，同时也直言希望他放弃空想的部分，希望魏特林帮助他们在伦敦创办一个共产主义刊物。总体上看，与魏特林的这次会面不仅没有剑拔弩张，反而是比较轻松愉快的。但是办刊物的提议没有得到魏特林的回应。

8月20日，两人返回布鲁塞尔。带着英国旅行所积累的资料和思考，马克思和恩格斯决定合写第二部著作。关于这一点，马克思后来言简意赅地写道："我们决定共同钻研我们的见解与德国哲学思想体系的见解之间的对立，实际上是清算一下我们过去的哲学信仰。这个心愿是以批判黑格尔以后的哲学的形式来实现的。"马克思与恩格斯在布鲁塞尔相聚一年多的时间里是既忙碌又快乐的，彼此找到并肩作战的战友，互为呼应和支援，这要是代换成武侠剧就是两大高手惺惺相惜,危难关头并肩抗敌的高潮剧情。话说正在忙着清算自己的旧哲学信仰、实现自我革命的两人,这时还真遇到了"敌人"——当时流行的"真正的社会主义"流派。"真正的社会主义"是格律恩、施蒂纳和鲍威尔等人将法国的社会主义与费尔巴哈关于爱的哲学结合起来的一种思潮,核心观点可以用我们的一首老歌来说明:"只要人人都献出一点爱,世界将变成美好的人间。"这股反对无产阶级革命的小资调调不仅在德国传唱得厉害,甚至传播到了伦敦,马克思和恩格斯在与伦敦的正义者同盟领导人会面时发现他们也在高谈"仁爱""心灵"……批判"真正的社会主义"刻不容缓。同时,他们也感到有必要跟费尔巴哈半截子的唯物主义划清界限。之前的《神圣家族》对费尔巴哈给予极高的评价,费尔巴哈美滋滋地享受赞誉并且对外也包装成了一个共产主义者。马克思及时发现了这个问题,写了《关于费尔巴哈的提纲》,阐述自己的新唯物主义和费尔巴哈人本主义的根本不同。在马克思的影响下,恩格斯也认清了这个问题。两人越发感觉到,再这么拖下去,别人会一直以为他们俩是费尔巴哈的徒弟。这两个原因促使马克思、恩格斯着手写作《德意志意识形态》。

在这部著作中,马克思和恩格斯从科学的实践观点出发,阐述了社会历史观的基本问题,即社会存在决定人们的意识,而不是此前众多思想家告诉人们的意识决定存在。比如,费尔巴哈在自然观上是个唯物主义者,可是到了历史观领域就又退回到唯心主义领域。"他没有看到,他周围的感性世界绝不是某种开天辟地以来就直接存在的、始终如一的东西,而是工业和社会状况的产物,是历史的产物,是世世代代活动的结果,其中每一代都立足于前一代所达到的基础上,继续发展前一代的工业和交往,并随着需要的改变而改变它的社会制度。甚至连最简单的'感性确定性'的对象也只是由于社会发展、由于工业和商业交往才提供给他的。"

唯物史观和唯心史观的界限就此清晰起来。紧接着马克思、恩格斯还深入揭示了物质资料的生产实践在社会生活中的决定作用，深刻地论述了唯物史观考察历史的出发点是从事实践活动的人。这段话言简意赅，直指人类历史的内核："人们为了能够'创造历史'，必须能够生活。但是为了生活，首先就需要衣、食、住以及其他东西。因此第一个历史活动就是生产满足这些需要的资料，即生产物质生活本身。"

我们学习政治课所熟知的经济基础与上层建筑的辩证关系原理也在《德意志意识形态》中有初步且较为深入的论述。经济基础与上层建筑的辩证关系清楚了，自然就可以理解国家和法对所有制的依赖，进而能够理解全部观念形式的上层建筑也是由生产关系即经济基础决定的。"统治阶级的思想在每一时代都是占统治地位的思想。这就是说，一个阶级是社会上占统治地位的物质力量，同时也是社会上占统治地位的精神力量。支配着物质生产资料的阶级，同时也支配着社会生产的资料，因此，那些没有精神生产资料的人的思想，一般是受统治阶级支配的。占统治地位的思想不过是占统治地位的物质关系；因而，这就是那些使某一个阶级成为统治阶级的各种关系的表现，因而这也就是这个阶级的统治的思想。"可以看到，马克思、恩格斯克服了历史上旧唯物主义的不彻底性，将唯物主义贯彻于社会历史领域，让唯心史观的保护伞轰然倒塌。

此外，在科学社会主义发展史上，这本著作同样占据重要地位。马恩二人在唯物史观的基础上对共产主义进行了科学的阐述，指出正如资本主义替代封建主义社会形态一样，共产主义形态也必将取代资本主义，这一过程不会因为一个人两个人愿不愿意支不支持而发生改变，因为这是由人类社会内部最基本的矛盾——生产力和生产关系的矛盾运动所决定的。在资本主义生产关系这个合作伙伴适应生产力发展的时候，生产力就会和这一生产关系好好合作，人类社会在不断进步；而当生产力进一步发展而资本主义生产关系跟不上合作伙伴的前进的脚步时,生产力就会踢掉资本主义这个生产关系,而形成更适合自身发展的共产主义生产关系。共产主义比资本主义进步的根本一点是生产资料的公有制。生产资料的公有制和生产的社会化是协调的对应关系,而在资本主义社会里,生产资料的私有制和生产的社会化是矛盾的对应关系,所以资本主义必然被新的生产关系取代。

因此,回到他们写作《德意志意识形态》的初衷,马克思和恩格斯讲社会主义建立在唯物史观的理论基础上和对资本主义经济社会事实的科学分析之上,他们对社会主义的看法就跟空想社会主义、"真正的社会主义"或者费尔巴哈"爱的宗教"等思想观点彻底划清了界限,他们义正词严地说明:"共产主义对我们来说不是应当确立的状况,不是现实应当与之相适应的理想。我们所称为共产主义的是那种消灭现存状况的现实的运动,这个运动的条件是有现有的前提产生的。"高下立判!

《德意志意识形态》不仅反驳了鲍威尔和施蒂纳对马克思的攻击,批判了施蒂纳《唯一者及其所有物》这本书的核心思想、批判了各式各样的"真正的社会主义",同时还着力对费尔巴哈的人本主义进行了清算,系统地阐述了马克思、恩格斯共同创立的唯物史观的基本原理,对马克思《关于费尔巴哈的提纲》的思想做了进一步的发挥。这一著作和《关于费尔巴哈的提纲》一道被认为是马克思主义哲学创立的标志,实现了人类哲学思想史上的伟大变革。

马克思和恩格斯夜以继日地创作《德意志意识形态》,过程必然是辛苦的,但是思想的驰骋让两人充满无限活力,他们经常写到深夜两三点,每当文思泉涌的时候、有了新的观点的时候或者抓住了论敌的致命弱点展开酣畅淋漓的批判的时候,两个人经常忘乎所以地开怀大笑,经常将熟睡中的家人吵醒。

*

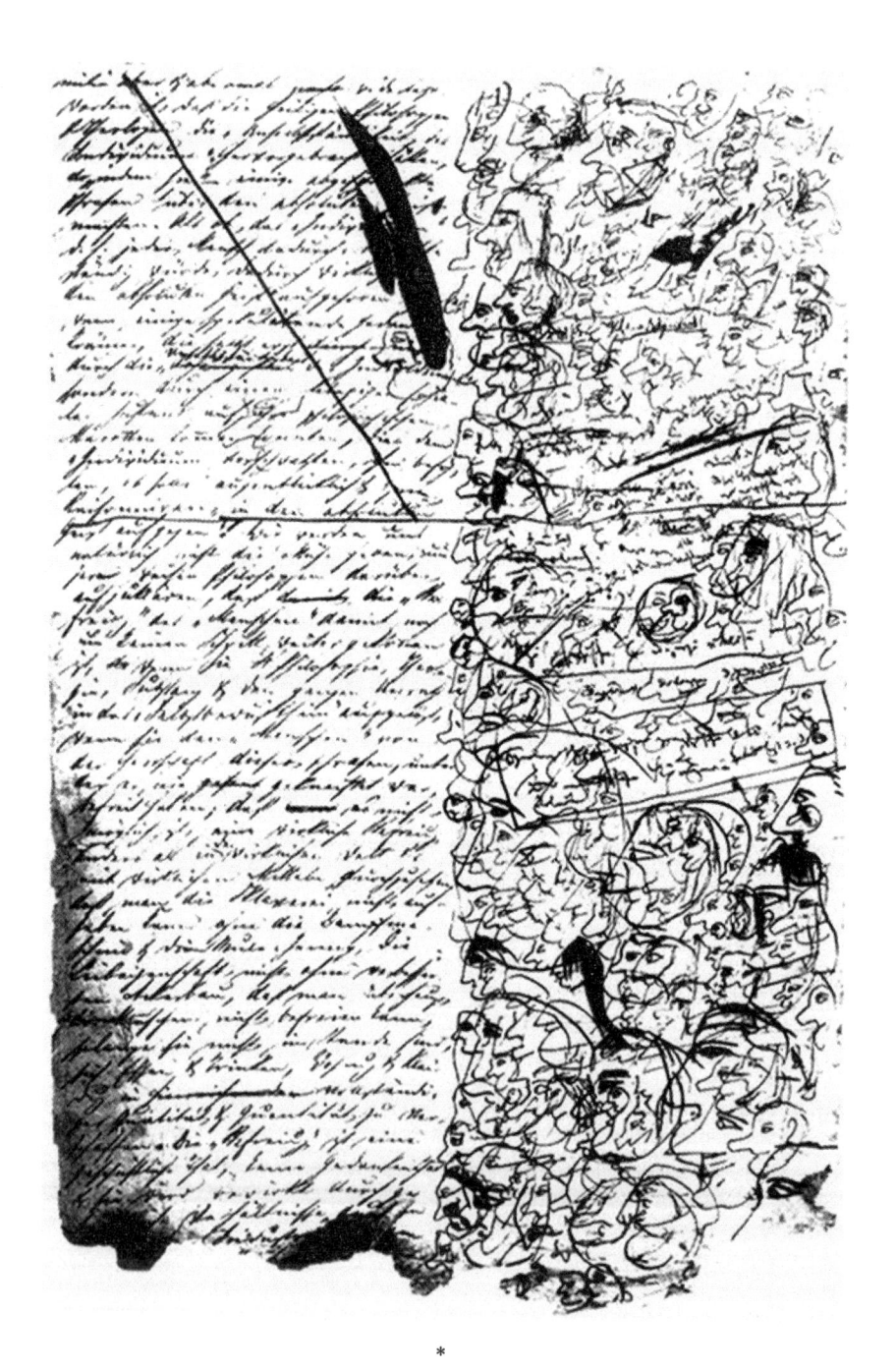

《德意志意识形态》中的一页

到 1846 年 4 月，马克思和恩格斯整整用了半年的时间终于完成了这部 50 个印张的理论巨著。这期间也是马克思和恩格斯人生最为拮据的时光之一。恩格斯因为和老爹闹得不愉快，几乎没有收到过家里的汇款，马克思也没有挣得什么稿费，两个人靠着好友和一些社会主义者的接济勉强度日。其中的艰难可想而知。

本来马克思和恩格斯指望《德意志意识形态》出版之后可以收到可观的稿费，窘迫的生活得以改观，没想到期待被现实狠狠地打击了。出版商临阵退缩，怕出版了这部著作触怒当局或者得罪人，就无情毁约了。饿着肚子辛辛苦苦完成的著作却成了手稿！我们看看马克思是怎么想通的："八开本两厚册的原稿早已送到威斯特伐里亚的出版所，后来我们才接到通知说，由于情况改变，稿子已不能付印。既然我们已经达到了我们的主要目的——自己弄清问题，我们就情愿把原稿留给老鼠用牙齿去批判了。"这就是革命家的乐观精神。即便如此困顿，依然可以保持昂扬的斗志和积极的心态。

布鲁塞尔通讯委员会办起来

马克思实现了思想上的彻底变革，但这不是他的目标，他的视野在国际共产主义事业。根据革命形势的发展变化和无产阶级的实际情况，马克思和恩格斯越发体会到将科学社会主义与工人运动结合在一起，团结无产阶级进行革命斗争成了最迫切的任务。创建一支工人革命政党势在必行，正如恩格斯在回忆这段历程的时候提过的："无产阶级要在决定关头强大到足以取得胜利，就必须（马克思和我从 1847 年以来就坚持这种立场）组成一个不同于其他所有政党并与它们对立的特殊政党，一个自觉的阶级政党。"他们从思想上建党开始走出了创建无产阶级政党的第一步。在 1846

年2月，马克思同恩格斯组织居住在工人住宅区的毕尔格尔斯、赫斯夫妇和塞卫斯提安、戴勒尔在这里办了一个规模不大的布鲁塞尔通讯委员会，后来还来了几个波兰和比利时的朋友，其中有档案管理员日果。燕妮的弟弟埃德加尔·冯·威斯特华伦也成了通讯委员会成员，后来，威廉·沃尔夫也到这里来参加了委员会，德国著名的空想社会主义者代表魏特林也来到通讯委员会。大家民主选举马克思、恩格斯和比利时档案管理员菲利浦·日果（1820～1860）为常务委员会委员，领导委员会的日常工作。选举日果为常委，显然是为了通过他便于联系比利时的共产主义者。

  新选出的常委会当即拟定了发展组织和开展宣传的计划。随后写信或派人分别与伦敦、巴黎和德国的爱北斐特以及威斯特伐里亚、西里西亚地区的一些城市的战友建立联系，先后在英、法、德三国建立了几个共产主义通讯委员会或共产主义小组。通过通讯委员会的努力，又很快在世界上许多地方发展成立了其他共产主义通讯委员会。在马克思、恩格斯的领导下，布鲁塞尔共产主义通讯委员会逐渐成了当时共产主义运动的思想中心，提高了各国共产主义者和先进工人的思想觉悟，加强了他们之间的团结，在思想上和组织上为创立无产阶级政党做了准备。

  在马克思、恩格斯的领导下，布鲁塞尔通讯委员会做了大量的工作，取得了广泛的成效。他们与德国的多个城市、英国、法国、荷兰和丹麦等国的社会主义组织建立了联系，相互之间通信，交流工作情况，研究斗争策略，具体指导各国工人运动和民主运动的发展。用这样一种有效的手段宣传了刚刚创立不久的科学社会主义，为国际工人运动保驾护航。马克思和恩格斯还要不遗余力地同各种冒牌的社会主义和小资产阶级思想做斗争。斗争的第一个对象就是初期参加通讯委员会的魏特林。

  看到这里，可能有读者朋友会有点不解，都是加入的成员，怎么还成了斗争关系呢？这里我们需要说明一下魏特林的特殊性。魏特林是一个裁缝出身，他所追求和宣扬的是一种平均共产主义，主张财产共有、共同劳动、平均领取生活必需品，等等。魏特林认为革命的力量是手工业者，这里就不难看出他没有跳脱自己的阶级出身，思考问题的局限性很明显。1846年初布鲁塞尔共产主义通讯委员会建立后，多次举行理论研讨会，马克思、恩格斯时常邀请魏特林参加。在3月30日这一次研讨会上讨论工人运动领袖们如何共同行动和如何开展共产主义宣传问题，魏特林大言不惭地坚持要首先出版他的著作。马克思、恩格斯和多位委员都不同意这样做，并且批评了魏特林的手工业者平均共产主义和否认政治斗争的密谋宗派策略。他置若罔闻，拒不接受。俄国自由派作家安年科夫也被邀请参加这次会议。他在于1880年发表的回忆录《美妙的十年》中生动地记述了这次会议上争论的实况。根据安年科夫记录，在魏特林口若悬河地兜售自己那些只有煽动而没有革命策略和步骤的言论后，马克思一针见血地指出，在一个像德国这样的文明国家，如果没有进步的理论，就什么事情都做不成，事实也是如此，至今除了喧嚣叫嚷，有害的感情冲动和事业遭到失败，什么事也没有做出来。魏特林苍白的脸上泛起了红晕，又滔滔不绝地讲了起来。他用激动得发抖的声音辩驳说，一个为了正义、团结和兄弟般的帮助而把几百个人集合在一面旗帜下的人，不可能是头脑空虚的无用的人……他认为他的平凡的准备工作，也许要比抛开苦难的人民来进行批判和空洞的理论分析更有助于共同的事业。马克思听到最后几句话时，气得再也忍不住了。他使劲捶了一下桌子，桌上的灯都震得摇晃了，直言："无知从来也不能帮助任何人！"其他参会者也都跟着他站起身来。会议结束后，马克思在房间里走来走去，简直是怒不可遏。

魏特林的平均共产主义思想一度在德国工人群众中很受拥护，出于维护革命队伍团结的需要，马克思一开始努力争取过魏特林，也苦口婆心地纠正过他的错误思想，但是魏特林十分自傲，根本看不上马克思这种晚辈。

魏特林渐渐飘起来了，觉得自己成了工人的救世主一般，自己的成就大大的，这种心态作祟注定他无法听进任何不合他心意的建议。魏特林和马克思、恩格斯撕破脸的起因是魏特林明里暗里要让自己的观点主张成为布鲁塞尔通讯委员会的指导思想。这样的话，冲突就避无可避了。我想，看到这里谁空想、不切实际就很清楚了吧。

"真正的社会主义"在美国的代表人物是海尔曼·克利盖，他把费尔巴哈人本主义的思想继承个彻底，天天鼓吹"普遍之爱"是共产主义，自称是德国共产主义学说的代表。克利盖主张以抽象的爱为基础，每人分一块土地，以便每人在自己的土地上建立"爱"的乐园，从而也就实现了社会主义、共产主义。其实这是典型的小资产阶级农业社会主义的观点，即在小农经济基础上实现社会主义、共产主义。这样只得逼得马克思和恩格斯公开发表声明与他决裂，这就是《反克利盖通告》，言辞深刻的通告由布鲁塞尔发向德国、伦敦和巴黎的各共产主义通讯委员会，并且寄给了克利盖在纽约主编的《人民论坛报》，要求其公开发表。这份通告对消除克利盖的影响是立竿见影的，不久，克利盖的拥护者纷纷闪人，报纸也办不下去了。而魏特林从一开始就成了布鲁塞尔通讯委员会里唯一一个投票反对发布《反克利盖公告》的人，表明他已经完全倒向了"真正的社会主义"，魏特林在布鲁塞尔通讯委员会找不到一个支持者，他主动与同盟决裂，只身前往瑞士想要创立一个独立的政党，结果被现实狠狠地上了一课，灰头土脸，后来与克利盖搭上线去了美国，两人打算合办一个刊物，结果一事无成。至此，魏特林在通讯委员会和德国工人运动中的影响逐渐减弱至消失了。

如果说"真正的社会主义"在马克思、恩格斯的努力下逐渐被清除出工人运动，那无政府主义代表人物蒲鲁东的恶劣影响则要严重得多。马克思不得不用了几十年的时间与之作斗争。

蒲鲁东当过学徒、放羊娃、办事员，勤奋好学的他靠着自学出版著作，成为批判资本主义的新星。马克思早年对蒲鲁东评价很高,在巴黎与他结识之后还跟他研讨过理论问题。马克思曾经希冀蒲鲁东可以克服世界观的缺陷,对社会主义形成科学的理论认知,却落空了。本来马克思于1846年5月5日与恩格斯、日果三人联名写信给在巴黎活动的蒲鲁东,约请这位工人理论家做布鲁塞尔共产主义通讯委员会在巴黎的通信人,信中诚恳地说:"我们在那里不可能找到比您更合适的通信人了。"还说蒲鲁东寄来的信件的邮费不用他自己负担。可是蒲鲁东妄自尊大,对马克思的邀约冷眼以对,明确表示自己反对革命,支持被马克思批判的"真正的社会主义"代表人物格律恩,甚至放出话来,我马上就要出版一部大作,欢迎你马克思来反驳。这本"大作"就是《经济矛盾的体系,或贫困的哲学》,蒲鲁东试图在这本书里用黑格尔的哲学和英国经济学家李嘉图的研究来形成自己的一部划时代巨著。

马克思拿到这本书后,当场给了一个评价:"是一本很坏的书。"抓紧时间写一本反驳性的作品成了当务之急。马克思争分夺秒地用法语写成了批驳蒲鲁东的一本小册子,即著名的《哲学的贫困》。从题目上是不是能看出来一点马克思的冷幽默呢?用法文写是为了更好地让巴黎的工人群众阅读和交流,着实用心良苦。1847年7月,《哲学的贫困》在巴黎和布鲁塞尔同时出版,这是马克思主义第一次公开阐述的重要文献。正如马克思所说的那样:"我们见解中有决定意义的论点,在我的1847年出版的为反对蒲鲁东而写的著作《哲学的贫困》中第一次做了科学的、虽然只是论战性的概述。"在这部著作中,马克思在深入批判蒲鲁东错误思想的同时,对唯物史观、唯物辩证法以及科学社会主义思想做出了较之《德意志意识形态》更为精确的表述,特别是在马克思主义政治经济学方面获得了突破性进展,为马克思第二个伟大发现开辟了道路。

第八章 改变世界的《共产党宣言》与革命洪流

受正义者同盟的邀请，马克思参加了指导该组织改组的工作，由此，世界上第一个国际性的无产阶级政党正式成立。马克思积极参与到了共产主义者同盟布鲁塞尔支部的工作，深入工人中开展宣传教育工作，在布鲁塞尔成为共产主义者的权威代表。他和恩格斯受同盟的委托，完成了历史上第一个国际性无产阶级政党的党纲——《共产党宣言》，从此无产阶级有了最强大的理论武器。马克思加入1848年大革命的洪流，他以《新莱茵报》为阵地，对封建专制和大资产阶级政府射出了一颗颗子弹，最终《新莱茵报》被迫停刊。马克思和恩格斯一起经受了革命炮火的洗礼，再次被驱逐的经历没有磨灭马克思的斗志。他始终站在革命的最前线。

从正义者同盟到共产主义者同盟

时间到了 1847 年 2 月,这天,来自伦敦的约瑟夫·莫尔悄悄来到马克思家中。莫尔此次是作为正义者同盟的代表来郑重邀请马克思加入同盟并指导同盟的改组工作。成立于 1836 年的正义者同盟是一个半密谋性质的工人革命组织,3 年后这个组织参加了布朗基领导的四季社的起义,成员在起义失败后流落各地,在西欧好几个城市建立起了组织。马克思和恩格斯在德国时就对这个组织有所关注,但他们从没有动过念头加入。因为这个组织长期以来都受到各种错误社会主义思潮的影响,比如,前文我们说过的蒲鲁东的无政府主义、魏特林的平均共产主义和"真正的社会主义"等都在正义者同盟中占据重要位置。"正义者同盟"的口号是"四海之内皆兄弟",显然,这不是一个以科学理论为指导的无产阶级革命组织。在此之前,马克思和恩格斯在与正义者同盟的工作接触过程中,都收到过入会的热情邀请,但他俩都拒绝了。那么这次,为什么正义者同盟如此郑重地委派代表跨洋登门拜访呢?这是因为到了 19 世纪 40 年代,随着马克思和恩格斯在工人运动中的影响力越来越大,同盟越发注意到先前组织原则的狭隘和指导思想的错误,于是下决心进行一场自我革命,彻底改组。而显然,最适合指导改组工作的就是马克思。

莫尔随身带着领袖沙佩尔在 1847 年 1 月 20 日写的一份委托书,先到了布鲁塞尔拜访马克思,再到巴黎去拜访恩格斯。沙佩尔写的委托书言辞还是比较谨慎、含蓄的,主要内容就是全权委托送信人把同盟的基本情况和主要问题向马克思、恩格斯进行说明。但在会面过程中,莫尔则是知无不言言无不尽,他以诚挚的心情要求马克思、恩格斯加入,为了彻底打消马克思的疑虑,他一再保证同盟中央委员会准备在伦敦召开代表大会并将在大会上发布一份公告，宣布马克思、恩格斯的观点是同盟的指导思想；马克思、恩格斯必须要加入同盟而不能置身事外，只有这样才能协助同盟克服种种弊端和错误思潮的影响。

马克思热情地接待了莫尔，在听了莫尔言辞恳切的邀请之后，马克思同意加入，并承诺积极帮助同盟完成改组。

1847年6月初，正义者同盟代表大会在伦敦如期秘密召开。马克思虽然在代表大会召开之前积极联络自己的战友参会，但临到会期他却因凑不出路费而只能缺席第一次代表大会，幸运的是，沃尔弗作为布鲁塞尔的代表、恩格斯作为巴黎的代表去参会，马克思虽然因不能到会而遗憾，但有自己信任的恩格斯和沃尔弗参会他感到已经足够心安了。

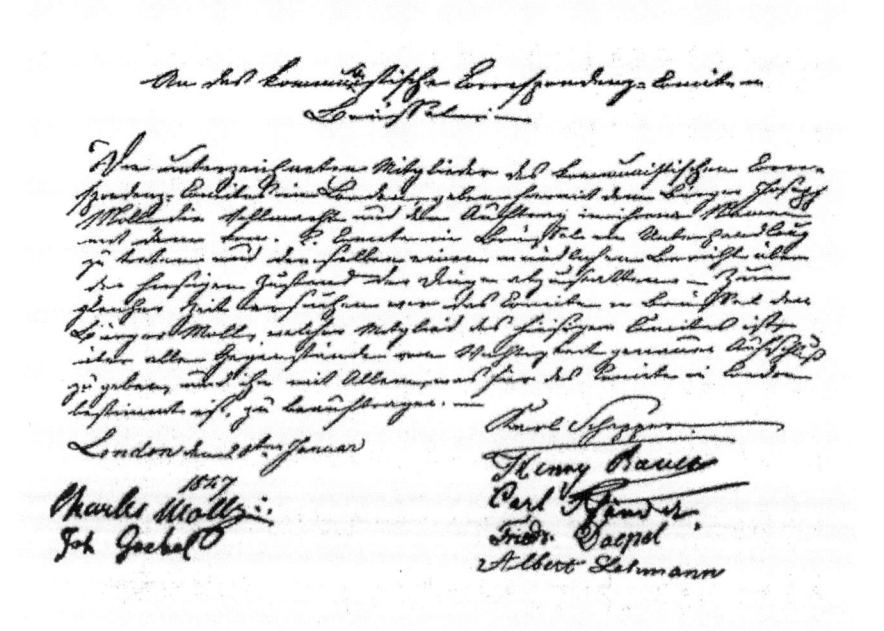

*

正义者同盟给特使约瑟夫·莫尔的委托书，邀请马克思和恩格斯加入同盟

在恩格斯等人的努力下，同盟第一次代表大会最终顺利完成了任务，解决了多个重大问题：

第一，将正义者同盟的名称改为"共产主义者同盟"。由这个名字就可以看出来同盟性质发生了根本的转变，体现出鲜明的共产主义立场。

第二，以恩格斯建议的"全世界无产者，联合起来！"的口号代替之前"四海之内皆兄弟"的口号，同盟的阶级性、国际性、时代性和团结性都在口号中得以彰显。

第三，大会讨论了恩格斯起草的准备作为党的纲领的《共产主义信条草案》。这是后来成为党纲的《共产党宣言》的第一稿，它按照当时在欧洲工人政治团体中流行的问答体写成，共分22个问题，约3500字。

第四，大会通过了主要按照马克思、恩格斯的意见起草的《共产主义者同盟章程》，共分七章36条。新章程剔除了旧章程中密谋、宗派主义以及助长个人崇拜的内容，把党建立在民主制的基础上。这是马克思从接受同盟邀约起就始终强调的："恩格斯和我最初参加共产主义者秘密团体时的必要条件是摒弃章程中一切助长迷信权威的东西。"这个章程还要分发各支部征求意见后在下一次代表大会上正式通过。

此外，同盟第一次代表大会还决定提前于11月29日在伦敦召开党的第二次代表大会，以便"彻底解决当前的重要问题"，主要是制定纲领和章程的问题。原本，按照盟章规定，每年8月召开一次代表大会，第二次代表大会本应于1848年8月举行。

改组后的共产主义者同盟马上热火朝天地开展起宣传教育工作，同盟分布于各国各地的支部成为宣传共产主义理论的主力军。其中，布鲁塞尔支部即马克思所在的支部是最为活跃的，虽然马克思没有在当中掌握什么权力或者担任什么职位，但日果、沃尔弗、荣克等人都自然信任他。他们在一起做了许多卓有成效的工作，给工人开办讲座，成立读书室，宣讲共产主义原理、经济学和历史学基础知识,举办理论研讨,等等。马克思为工人讲解政治经济学的基本原理,带着工人思考并厘清为什么自己辛辛苦苦从年头忙到年尾,兜里和胃里却依然空空。这些演讲稿后来整理成了著名的《雇佣劳动与资本》。每当我的学生问我要了解马克思的政治经济学,该从哪本书开始读,我的推荐永远都是《雇佣劳动与资本》,这是马克思当年给工人宣讲时候的稿件,通俗易懂,由浅入深,娓娓道来,除了当中有一个错误——马克思当时还没有区分"劳动力价值"和"劳动价值"。后来马克思很快纠正了这个不准确的说法。这本著作对于我们初步了解政治经济学的基本原理、了解剥削的秘密,至关重要,而且更难得的是它读起来一点儿不难。其间,他们还组织起了一个团体——德国工人协会,很快就发展到100多个会员,其中,赫斯和瓦劳当选为协会主席,沃尔弗当选为书记。协会每周三和周日的晚上举行集会,地点是当时一个工人们很喜欢去的一个小酒馆,现在这个小酒馆已成为著名的高端消费场所"天鹅饭店"。协会的议程包括周三讨论有关革命运动的重要问题,周日由沃尔弗做例行的每周政局评论。在沃尔弗的报告之后,会有会员的家属们参与举办一些诗歌朗诵、歌曲联欢会等。燕妮也尽力挤出时间参与到周日的聚会中,虽然她因要照顾三个幼儿而十分忙碌和辛苦。马克思的二女儿劳拉在1845年9月出生,儿子埃德加于1847年2月出生。燕妮时常在聚会上为战友们朗诵一些经典名著,每每获得好评。

在这期间,马克思还给《德意志-布鲁塞尔报》写稿。这个报纸由原来巴黎的《前进报》主编伯恩施泰德出版和担任编辑。最初,马克思并没有怎么关注这个报纸,随着沃尔弗经常在这个报纸上发文,使得《德意志-布鲁塞尔报》的革命特征越发明显,马克思和恩格斯逐渐有了新的想法:把这个报纸改造成为共产主义者同盟的宣传阵地。当时一直有传言说伯恩施泰德是普鲁士政府派的间谍,为的是深入工人运动内部掌握内部消息，也有很多同志对伯恩施泰德这个人的人品颇有微词，但马克思对此十分清醒，虽然这个报纸有不少缺点，但其成绩也是实打实的，改造工作如果不试一下怎么知道能不能成功呢？于是，他和恩格斯开始不断给这个报纸投稿，很快，这个报纸甚至成为没有官宣的共产主义者同盟的机关报。马克思、恩格斯在《德意志－布鲁塞尔报》发表文章的主线是站在维护工人阶级利益的基础上支持自由资产阶级对封建君主专制政府展开斗争。通过写作、论战和参加各项政治活动，马克思在社会主义者和共产主义者的群里成为权威，在民主主义者中间也赢得赞赏。

1847年9月27日，各国的社会主义者、共产主义者和一些民主主义者汇集在布鲁塞尔的一个宴会上。可能有读者会疑惑，这些人不都是苦出身吗，怎么这么有钱动不动就搞个宴会？这里要说明一下，他们大多数确实都很穷，所谓的宴会都是名义上的，这种政治性质的集会要时时防止被警察盯梢，所以只能用宴会的名义进行。那天晚上参加宴会的有120多个人，在热烈的气氛中，大家决定成立一个联合起来的国际性的"民主协会"。马克思那天没有参加，恩格斯在场，被推选为筹备委员之一，当时民主主义者试图将自己的圈子确定为这个协会的领导力量，但是这个图谋被挫败了，恩格斯和法国人恩贝儿一同当选为副主席，梅礼奈将军被推选为名誉主席，律师若特兰被选为执行主席，这两个人都是1830年比利时革命的老战士。虽然恩格斯在这个宴会上被推选为筹备将成立的"民主协会"的委员，但因他马上就要离开布鲁塞尔，所以他写信给若特兰，说可否考虑让马克思接替自己的位置，因为"不是马克思代替我为委员，而是我代替马克思出席了集会"。果然，在"民主协会"11月召开的集会上，马克思和恩格斯一道当选为副主席。

"民主协会"的第一次盛大集会是在11月29日召开的波兰革命周年纪念会，马克思作为协会代表被派往伦敦，出席"民主派兄弟协会"为纪念波兰革命而举办的活动。向"民主派兄弟协会"致贺词并不是马克思此次伦敦之行的唯一目的,在纪念波兰革命集会之后,就在同一会场紧接着进行了共产主义者同盟代表大会,讨论同盟的章程和新的纲领。这次,马克思总算没有因为凑不到路费而耽误参会,恩格斯也出席了这次代表大会。

人类历史上第一个国际性无产阶级政党的党纲即将横空出世。

永远的《共产党宣言》

国际共产主义运动史上一定会记住这一天,1847年11月29日,共产主义者同盟第二次代表大会在伦敦开幕。马克思和恩格斯分别作为布鲁塞尔和巴黎支部的代表参加了大会。但两人在会前已经提前见面了。回顾一下这段会面的前因后果,更有利于我们理解为什么说《共产党宣言》是马克思、恩格斯共同创作的成果。第二次代表大会之前,恩格斯就给马克思写了一封长信,请他把自己之前写的《共产主义信条草案》再作考虑,"我想,我们最好是抛弃那种教义问答形式,把这个东西叫作《共产主义宣言》。因为其中或多或少地叙述历史,所以现有的形式是完全不适合的。我将我在这里草拟的东西带去,这是用简单的叙述体写的,但是校订的非常粗糙,十分仓促"。紧接着他向马克思介绍自己新写的《共产主义原理》的大体内容。纲领就是旗帜,关系到以后同盟的发展道路,为慎重起见,恩格斯和马克思约定在前去伦敦开会的途中,先在比利时的奥斯坦德城碰面,一起把有关同盟纲领和其他重要问题先仔细过一遍。两人很顺利地在所有讨论的重大问题上都达成一致,同时决定以恩格斯的《共产主义原理》为基础,共同创作一个新的纲领草案。

时间到了第二次代表大会的召开。这场大会相比于第一次代表大会,会期延长了很多天,重要性也相应增强。会议断断续续开了10天,只能在

第八章　改变世界的《共产党宣言》与革命洪流　_**147**

《共产党宣言》手稿

晚上进行，因为代表们白天要上班或者做工。虽然马克思和恩格斯的出席是很多代表所期待的，但同盟内部的复杂和分立的流派注定大会的讨论演变成唇枪舌剑。争辩过程中，学识渊博、叙述清晰且原则明确的马恩"老铁组合"最终取得胜利。12月8日，大会通过了《共产主义者同盟章程》，更准确地体现了科学共产主义的思想，改组计划取得初步成效。经过这次大会，以科学共产主义为指导的第一个国际性无产阶级政党正式形成并得以巩固。代表大会委托马克思和恩格斯起草党的纲领，大会闭幕后，两人回到布鲁塞尔继续边讨论边确定了纲领的写作框架。就在这时，恩格斯接到了布鲁塞尔民主协会的委托，回巴黎去做加强协会与法国民主主义者的联系工作，于是恩格斯在12月底返回巴黎。因此，同盟的纲领——《共产党宣言》最后是马克思单独定稿的。但是不论从哪方面看，这都是两人共同的心血结晶。

接下来我们一起来学习《共产党宣言》的主要观点。

《共产党宣言》一共包括四章。其中，第一章从叙述资产阶级和无产阶级产生、发展及其相互斗争的过程开始，论述了无产阶级的伟大历史使命。《共产党宣言》分析了阶级社会各个历史阶段上的阶级划分和阶级斗争状况，说明阶级斗争是阶级社会发展的直接动力。《共产党宣言》指出："每一次斗争结局都是整个社会受到革命改造或者斗争的各阶级同归于尽"。《共产党宣言》着重分析了资本主义社会的阶级斗争的特点，其中指出，从封建社会灭亡中产生的资本主义社会并没有消灭阶级对立，"它只是用新的阶级、新的压迫条件、新的斗争形式代替了旧的斗争形式"。但是，和以往社会不同，资本主义社会不像奴隶社会和封建社会那样用阶层来掩盖阶级关系，它的特点是阶级矛盾简单化了、明朗化了，整个社会日益分裂为两大直接对立的阶级：资产阶级和无产阶级。《共产党宣言》还提出了一个著名的原理，这就是"一切阶级斗争都是政治斗争"，无产阶级反对资产阶级的阶级斗争必然发展为夺取政权的斗争，导致无产阶级革命和无产阶级专政，最终消灭阶级，实现共产主义。这些关于阶级斗争的观点，既是理解一切阶级社会发展规律的指导性线索，也是理解整部《共产党宣言》的一把钥匙。

《共产党宣言》从唯物史观的基本观点出发，辩证地分析了资产阶级的历史地位和历史作用。曾经有人说马克思一生穷困潦倒、为资本所困，所以他仇恨资本、仇恨资产阶级。这种无厘头的指控真是睁着眼睛说瞎话。在《共产党宣言》里马克思用辩证唯物主义来分析资产阶级发挥的作用和未来的命运，是基于科学的理性的分析，而不是情绪的宣泄。首先马克思就没有把资产阶级、资本主义一棒子打死。资产阶级为了追求利润，为了在自由竞争中站稳脚跟，压垮对手，不得不改造生产工具，从而创造出了前所未有的巨大的生产力。这样也就必然会促进生产关系和整个社会关系的变革，并且由于资产阶级不得不奔走全球各地，建立世界市场，也就把资本主义生产方式推广到全世界。资本主义发展的结果，使乡村屈服于城市的统治，使经济落后的国家从属于资本主义国家，形成了世界殖民体系。在政治上，和资本主义经济的集中相对应，分散的封建割据的地区集中成了统一的资产阶级国家。总之，资产阶级摧毁了封建制度，发展了生产力，它从经济、政治和意识形态，从国内到国外，"按照自己的面貌为自己创造出一个世界"。资产阶级的这些革命作用，是一种历史性的作用，是相对以往的旧制度而言的。它有极大的局限性，它不过是用资本主义的私有制代替了封建主义的私有制，用资产阶级的统治代替了封建贵族的统治，用资本主义的剥削方式代替了封建主义的剥削方式，用资产阶级的利己主义和一切为了金钱的意识形态代替了封建主义的意识形态。资产阶级的革命作用必将随着资本主义的进一步发展而逐渐消失，其革命方面将逐步转化为反动方面。资本主义社会现在又进行着和封建社会末期相类似的运动。随着生产力的巨大增长，到了一定阶段，资本主义社会这个巫师就再也不能支配由自己用符咒呼唤出来的魔鬼了，无法再支配自己创造出来的巨大生产力了。

紧接着，《共产党宣言》分析了无产阶级的特性，说明只有无产阶级是真正革命的阶级，只有它，才能担负推翻资本主义、实现共产主义的伟大历史使命。为什么马克思、恩格斯如此自信和确信无产阶级才是真正革命的阶级？这是因为，第一，无产阶级是大工业的产物，它随着大工业这种生产力的发展而发展，是最先进、最有前途的阶级，是最团结、最有组织纪律性的阶级，是新的生产方式的代表。第二，无产阶级一无所有，没有什么东西需要保护，因此它最能做到大公无私，革命最坚决。无产阶级由于处于社会的最下层，"如果不炸毁构成官方社会的整个上层，就不能抬起头来，挺起胸来"。第三，无产阶级解放运动是人类历史上最彻底最广泛的革命运动。它要消灭一切私有制，解放全人类，才能最后解放自己，因而"无产阶级的运动是绝大多数人的、为绝大多数人谋利益的独立的运动"。所以，无产阶级最能团结和领导其他被压迫被剥削的广大劳动群众，最能坚持国际团结，它是革命的领导阶级，只有它才能推翻资本主义和建设共产主义。那么，无产阶级怎样才能实现自己的这一伟大而光荣的历史使命呢？显然，无所事事是不可能的，等待神兵天降也是不可能的，"无产阶级用暴力推翻资产阶级而建立自己的统治"。这就是说，无产阶级必须通过阶级斗争，通过无产阶级的革命斗争，用暴力推翻资产阶级，建立无产阶级专政，才能实现自己的历史使命。

在第二章里，提出了著名的"两个决裂"理论："共产主义革命就是同传统的所有制关系实行最彻底的决裂。毫不奇怪，它在自己的发展进程中要同传统的观念实行最彻底的决裂。"这个结论，高度概括了共产主义革命在经济方面和精神方面的任务。也就是说，实现共产主义的过程不仅仅要发展生产力，还要进行精神文明改造和建设。在这一章里，《共产党宣言》还论述了工人阶级实现共产主义的步骤，"工人革命的第一步就是使无产阶级上升为统治阶级，争得民主。无产阶级将利用自己的政治统治，一步一步地夺取资产阶级的全部资本，把一切生产工具集中在国家即组织成为统治阶级的无产阶级手里，并且尽可能快地增加生产力的总量"。对此列宁指出："在这里我们看到马克思主义在国家问题上一个最卓越最重要的思想即'无产阶级专政'（如马克思和恩格斯在巴黎公社以后所说的那样）这个思想的表述，其次我们还看到给国家下的一个十分重要的定义，这个定义也属于马克思主义中'被人忘记的言论'：'国家即组织成为统治阶级的无产阶级'。"

《共产党宣言》在第三章着重批判了当时流行的形形色色的社会主义学说，如反动的社会主义、保守的或资产阶级的社会主义、空想的社会主义和空想共产主义，划清了科学社会主义和其他社会主义的界限。

虽然这里所批判的上述社会主义流派大部分已为历史所淘汰，但是《共产党宣言》对这些流派的批判却为我们分析各色各样的机会主义和杂七杂八的非科学的社会主义流派树立了光辉的榜样。《共产党宣言》在批判中，总是坚持从某种生产关系中寻找其理论的根源，总是坚持阶级分析的方法，总是坚持实事求是的精神，总是坚持革命原则的严肃性，这些都为我们提供了宝贵的经验。

在最后一章，《共产党宣言》指出，共产党人政治策略的基本原则是：共产党人为工人阶级的最近的目的和利益而斗争，但是他们在当前的运动中同时代表运动的未来。这就是说，必须把无产阶级的当前利益和长远利益结合起来，把当前目标和最终奋斗目标结合起来，把原则的坚定性和策略的灵活性结合起来。概括出和这个基本策略原则密切相关的其他几项策略原则：

第一,"共产党人到处都支持一切反对现存的社会制度和政治制度的革命运动"。因为这些革命运动都直接或间接地有利于无产阶级的当前目的和最终目标的实现。

第二,共产党人在其所参加的一切革命运动中,要"特别强调所有制问题,把它作为运动的基本问题"。这是因为所有制问题是一个根本的原则问题。

第三,"共产党人到处都努力争取全世界的民主政党之间的团结和协作"。共产党人要善于团结一切可以团结的力量,结成广泛的统一战线,在统一战线中,要坚持独立自主的原则。

在《共产党宣言》的结束语中,马克思和恩格斯庄严宣告:"共产党人不屑于隐瞒自己的观点和意图。他们公开宣布:他们的目的只有暴力推翻全部现存的社会制度才能达到。让统治阶级在共产主义革命面前发抖吧。无产者在这个革命中失去的只是锁链,他们获得的将是整个世界。"最后发出振聋发聩的号召:全世界无产者,联合起来!

《共产党宣言》在人类历史上占据了很多"第一"。如第一次完整而系统地叙述了马克思主义的基本原理,《共产党宣言》的发表标志着马克思主义伟大理论的诞生,是人类思想史上的大事件,是世界历史上的大事件;《共产党宣言》也是第一个国际工人运动周详而完备的纲领,作为共产主义者同盟的理论和实践的纲领发表,标志着马克思主义同工人运动的初步结合,标志着国际共产主义运动的兴起。从此无产阶级就有了自己的理论武器,以崭新的面貌出现在历史舞台上,为在全世界实现共产主义而奋勇前进;《共产党宣言》还是科学社会主义的第一个伟大纲领,它用新世界观深刻地分析了历史和现实问题,充分体现了马克思主义理论与实践的统一、革命性和科学性的统一、认识世界和改造世界的统一等显著的特征。它的问世标志着国际共产主义运动进入了一个崭新的历史阶段。《共产党宣言》

将对资本主义的批判和对共产主义的信仰置于科学的基础上,从而给一切为真理而斗争的马克思主义者确立正确的立场、观点和方法提供了科学的思想武器。它永远鼓舞着无产阶级革命者为实现共产主义而满怀信心地奋斗。因此,《共产党宣言》被称为"每个觉悟工人必读的书籍"。

自 1848 年 2 月《共产党宣言》在伦敦问世后,便在世界上传播开来。170 多年来,它传遍各个国家和地区,成为世界上传播最广、影响最大、改变人类社会效果最为显著的著作。马克思、恩格斯在《共产党宣言》的开头写道,这个宣言将"用英文、法文、德文、意大利文、佛拉芒文和丹麦文公布于世"。

据统计,到 1892 年恩格斯为《共产党宣言》写波兰文版序言时,《共产党宣言》"已经以 14 种语言出版了 83 个版本"。实际上,到 19 世纪 90 年代,《共产党宣言》已经有 20 多种语言文字的译本,有 130 多个版本。今天,它在全世界已经用 200 多种语言文字出版,有一千多种版本,成为世界上发行量最大的社会政治和人文社会科学著作。2018 年习近平总书记在纪念马克思诞辰 200 周年大会上的讲话中总结道:"《共产党宣言》发表 170 年来,马克思主义在世界上得到广泛传播。在人类思想史上,没有一种思想理论像马克思主义那样对人类产生了如此广泛而深刻的影响。"

再次流亡

《共产党宣言》似是革命风暴的航向标,伴随着 1848 年新年钟声的敲响,一场疾风暴雨般的大革命迅速席卷欧洲大陆。在历史上被记载为 1848 年大革命,爆发的起因是迅速成长的资本主义与顽固的封建统治的尖锐矛盾不可化解。拉开大革命序幕的是 1 月在意大利发生的巴勒莫起义,巴黎人民紧随其后,对封建统治不满的社会各阶级一起发动了起义,其中巴黎的工人阶级战斗力十分强悍，极大地震撼了整个欧洲大陆。巴黎爆发的二月革命推翻了七月王朝，迫使资产阶级临时政府不得不宣布成立共和国，新成立的法国临时政府在3月1日给马克思发来热情洋溢的邀请函：暴政把您放逐，自由的法兰西向您敞开着大门！正在马克思准备欣然接受巴黎新政府的邀请时，比利时当局正在用下作的手段逼走马克思。

二月革命爆发时，马克思和恩格斯都在布鲁塞尔。他们以欢欣鼓舞的心情为法国革命呐喊，马克思和布鲁塞尔民主协会的成员们一道向巴黎人民送上祝贺和赞扬，而这些举动显然引发了生怕法国革命的火焰烧到比利时境内的统治当局的恐慌。他们怎么压制对革命的恐慌呢？手段没有底线——挑拨制造比利时人民与侨居布鲁塞尔的外国人的关系，煽动民族沙文主义情绪，间接给侨居在布鲁塞尔的各国民主主义者、共和主义者施压；同时又用"黑户"和"无业游民"的借口把大批革命者关进监狱或者驱逐出境。作为比利时政府一直防备的马克思自然成了第一拨受冲击的对象。

1848年3月3日下午5时，比利时政府突然勒令马克思必须24小时内离境，收到驱逐令的马克思做的第一件事是开会——召开共产主义者同盟中央委员会。等一下，共产主义者同盟中央委员会不是在伦敦吗？马克思又不能瞬间穿越，如何在布鲁塞尔开会？原来，革命形势随着法国二月革命的胜利发生了变化，共产主义者同盟在积极为新的革命斗争做准备，二月份，同盟的中央委员会决定把权力移交给马克思和恩格斯所在的布鲁塞尔区部委员会，即新的中央委员会。在马克思和恩格斯的领导下，同盟中央委员会通过布鲁塞尔工人协会和民主协会积极活动，其中，民主协会从2月27日开始每天集会，成为领导比利时革命的指挥中心。民主协会还要求布鲁塞尔市政委员会把武器分发给工人和手工业者，同时积极筹款为工人购买武器。马克思率先示范，把刚得到的父亲的遗产中的相当一部分上交了协会，为革命的来临做准备。本来生活境遇能因获得的遗产而有所

第八章 改变世界的《共产党宣言》与革命洪流 **_155**

改善,尤其对于终日挣扎在赤贫线的马克思一家而言,可就是在这样的情况下,马克思依然能毫不犹豫地拿出救命钱支持革命。

说回正在马克思家里召开的共产主义者同盟中央委员会。马克思被驱逐的消息让大家都很忧心,尤其在当前形势下,还有其他委员会成员也即将面临和马克思同样的危险,委员会紧急决定将同盟中央委员会迁往巴黎,授权马克思到巴黎暂时独自行使中央委员会职权。可以说,布鲁塞尔的中央委员会刚从伦敦交接过职权,做的第一件事也是最后一件事就是把职权移交到巴黎。

开完会,距离马克思离境的期限更近了,马克思一家正在紧急收拾行李,两个警察突然破门而入,逮捕马克思的罪名是"身份证不明",马克思随即被押到市政厅监狱,和一个精神病犯人关在同一个牢房里。恩格斯得知后专门在报纸上发文揭露比利时政府的丑行。马克思突然被捕,让一家人惊慌失措。坚强的燕妮不得不承担起一切。她眼睁睁看着亲爱的卡尔被带走,急忙找到民主协会的主席也是一名律师的若特兰,让他帮忙打听到底是怎么一回事。天完全黑下来,燕妮才到家门口,可是燕妮还没开门就被一个巡警抓住了。燕妮在回忆录里详细记录了这段经历:"把我逮捕起来,关进黑暗的监狱。这个地方是专门拘留那些无家可归的穷人.孤苦伶仃的流浪汉和那些陷入不幸深渊的女人的。我被推进黑暗的牢房。我一边啜泣,一边走进去,那里,一个不幸的难友把自己的床让给我。这是很硬的木板床。我就倒在这张床板上。早晨天刚亮,我看到对面窗户的铁栅栏后面有一张苍白的愁苦的脸。我靠近窗户一看,原来是我们亲爱的老朋友日果。他看见我就做手势,指着下面的房子。我随手看去,发现了正在被武装押送着的卡尔。大约过了一小时,我被带到审判官那里。经过两小时的审问(审问时,他们从我这里什么都没问出来),宪兵把我带上马车,傍晚我回到我的三个可怜的小孩身边。"比利时当局对马克思的迫害尤其是对燕妮的侮辱让社会大为震惊，各路人士纷纷发表言论谴责政府的暴力执法，最终以找个办案警察当替罪羊被免职而勉强向社会大众交代。

马克思被释放出狱已经是 18 个小时之后的事情了。眼看马上就要到 24 小时的截止时间点了，也来不及收拾行李，他们一家只能仓促收拾了一点行装就踏上了前往巴黎的列车。来不及收拾打包的行李只能托付给留在布鲁塞尔的朋友们帮忙收拾，以后寄送到巴黎。

抵达欣欣向荣的巴黎让马克思迅速忘记了颠沛流离的痛苦，他顾不上安顿好生活，就投入了各种热火朝天的集会中，与革命者们会面，与各国流亡者重新建立联系，四处发表演说，乐此不疲。他还写信给恩格斯让他尽快赶来巴黎会合。就在恩格斯 3 月 21 日抵达巴黎的当天，传来了德国柏林革命胜利的好消息。经过对柏林三月革命的分析，马克思、恩格斯认为，当前虽然革命形势看上去很好，但德国的无产阶级不能坐等结果。因为当时革命的结果是人民有了武装，获得了具有民主性质的自由，但同时革命保留了君主政体，成立了代表大资产阶级的政府，掌握统治权的是这个政府，而不是仅获得结社权利的人民。这些都表明，革命的浪潮没有停歇，还会翻涌出新的波涛。依据这个判断，马克思和恩格斯认为德国的无产阶级政党不能光看热闹，得行动起来，为此他们专门写了《共产党在德国的要求》，代表中央委员会发声。这篇文章算是《共产党宣言》的衍生篇，讲的就是《共产党宣言》在德国当时具体情况下的运用，指出德国无产阶级在资产阶级民主革命中应该提出哪些具体的政治和经济要求，无产阶级继续推进革命的斗争纲领和策略。比如，实现普选权、武装全体人民、实现政教分离和普遍的免费国民教育、无偿废除农民承担的封建义务和地主奴役，还要在德国建立一个统一的、不可分割的共和国，而不是保留半吊子的封建政权和资产阶级政府。这些都是资产阶级民主革命应该完成的任务，只有实现这些要求之后，才有可能把资产阶级民主革命转化为社会主义革命。从中我们也不难理解，革命是分步骤有序推进的，一锅乱炖式的革命主张实施起来最终只会沦为笑柄。

伴随柏林三月革命胜利消息传到巴黎，在巴黎的德国流亡者们产生了一股强烈的意见，主张像推翻七月王朝的法国人民那样，组织一支义勇军杀回德国去，认为可以从德国外部输入革命进而引发德国国内的民主革命。原来《前进报》的编辑伯恩施泰德和马克思的朋友、之前我们介绍过的诗人海尔维格使劲鼓动这种危险做法，在很短时间里就组织起一支志愿军队伍。在一片群情激愤中，马克思头脑清晰，他坚决反对海尔维格等人这种"把革命当儿戏"的做法。可惜，伯恩施泰德和海尔维格却刚愎自用，半个字都听不进去，反而散播谣言中伤马克思。马克思在巴黎不仅领导共产主义者同盟中央委员会的工作，还成立了德国工人俱乐部，他多次发表演说，阐明革命既不能输入也不能输出，说明当前革命所面临的现实情况，比如，法国资产阶级政府始终对外国革命工人虎视眈眈，完全有可能把工人们正在组织起义军的消息出卖给德国，把既缺乏训练又没有武器的工人们送去对付德国反动部队，这是对革命事业的犯罪。马克思有理有据地说服不明真相的工人不要加入义勇军团，使许多一度受到海尔维格蛊惑的革命工人脱离了他组建的德意志民主协会。要说明的是，马克思并不是搞投降，而是结合革命现实条件制定最合适的方案，他主张并动员工人单个地、小规模地返回德国而不是成批返回，免得被提早盯上，回到德国后分散到全国各地领导和参加革命运动。用马克思这种办法回国的三百多名工人，其中大部分都是共产主义者同盟的成员，后来成为德国革命的重要力量，他们是用《共产党宣言》和《共产党在德国的要求》武装起来的革命队伍，而海尔维格组织的义勇军团则惨遭失败。

《新莱茵报》吹响战斗的号角

1848年4月，马克思一家和恩格斯一起离开巴黎返回了德国。他们归国的目的地选在了科隆，原因是科隆与德国其他地方相比，最为珍贵的是有新闻自由，他们早已做好规划，筹办一份大型民主派日报，宣传共产党在革命中的立场和观点，传播科学共产主义思想，组织和指导在德国各地的同盟盟员的活动。报纸定名为《新莱茵报》。

一个给报刊写稿子的作者操心的是自己的稿件能否发表，而办报纸的人操心的事情要多得多。除了内容质量要保证，更重要的也是很多报纸中途夭折的唯一原因——经费。作为《新莱茵报》的负责人，马克思承担起筹措经费的艰巨任务，他东奔西走，也只是筹集到了一点点经费。编辑部的其他战友也四处求助筹钱，结果收效甚微。比如，恩格斯回到家乡去筹集办报的资金，结果以前交往的有钱人个个都跟躲避瘟疫一样躲着他，生怕恩格斯革命了他们；跟老爹借钱，结果老恩格斯直接开骂：老子宁可让你吃一千颗枪子，也不要给你出一千塔勒！盟员西凯尔在美因茨筹款，结果也是碰了一鼻子灰，写信给马克思说道：要是一个人在那里作为共产党出现，他一定会挨一顿石头，因为资产者把共产主义者当作主要敌人。在大家都筹不到钱的时候，出现了主动当"天使投资"的人——法国临时政府委员弗洛孔。办报这么缺钱，是不是很多人在这样的情况下就答应了？但是马克思义正词严地拒绝了，因为革命《新莱茵报》始终坚守无产阶级革命立场，不能"把革命变成摇钱树"。最终，马克思豁出了一切身价，把自己从父亲那里继承的遗产拿出来作了办报的经费。本来马克思从父亲那里继承的遗产相当可观，足够后面很多年一大家子过很富足的生活。除了办刊物的启动经费之外，后续报刊因为被当局制裁、打击陷入经营困难的时候，马克思又接着把继承的遗产拿出来顶上以维持《新莱茵报》的运转，最终据说一共耗费了他 7000 塔勒之巨，马克思由此陷入了彻底的穷困潦倒，甚至一度流亡到伦敦的时候差点被活活饿死。这是后话。

《新莱茵报》原定于 1848 年 7 月 1 日正式出版，但是考虑到普鲁士政局随时有可能出现变化，反动势力有可能发起对革命的反扑，新的书报检查令据传要在 9 月颁布，编辑部决定克服一切困难提前出版，最终，《新莱茵报》在 6 月 1 日提前了整整一个月，正式出版了。编委会包括总编辑马克思和编辑毕尔格尔斯、德朗克、恩格斯、维尔特、沃尔弗等。在编委会的努力下，《新莱茵报》从创刊号起就以自己鲜明的特色和革命代言人的角色备受瞩目，成为马克思领导共产主义者同盟在德国开展革命活动的根据地。

《新莱茵报》从一开始就鲜明地体现出代表工人阶级和广大人民群众的阶级立场，发表的一篇篇重磅文章始终支持各国人民反对封建专制制度和民族压迫，争取民族独立和民主的斗争。在创刊号上，编委会就发出了掷地有声的宣言：利用自由环境中的每一天。其实，我们能看出来，马克思和编委会的其他战友是以一种倒计时的心态在看不见硝烟的战场上战斗着，他们很清楚地知道，当时对革命有利的社会环境并不会持久，但是即便充分了解这样的结果，依然要抓住每一个可以斗争的白天和黑夜，去抗争、去发声、去做出改变，只有坚持斗争，没有别的退路。这是真正的勇者不惧。

《新莱茵报》刚发行不久，因马克思在上面刊发了一篇文章尖锐地批判资产阶级和小资产阶级盲目迷信议会的心态，指出法兰克福议会形同虚设，这篇文章吓坏了《新莱茵报》一半的股东，他们马上声明宣布退出；后面巴黎发生六月革命，《新莱茵报》坚决支持巴黎工人英勇斗争的事迹和精神，其余股东也吓得马上退出。这样马克思就不得不负担全部办报的经费开支,由此耗尽了自己的全部身家,导致后面生活举步维艰。由于《新莱茵报》的革命立场和在社会中的影响力越来越大,普鲁士政府加大了对它的打击。1848年9月,反动派在科隆实行戒严,查封《新莱茵报》,下令逮捕《新莱茵报》编辑恩格斯、沃尔弗、德朗克,逼迫他们不得不逃亡,同时对马克思不断施压,马克思面对迫害毫不畏惧,坚守这个堡垒。经过不间断的努力,《新莱茵报》在10月12日复刊,复刊号上公开声明"继续以坚韧不拔的精神维护全体人民的民主利益"。复刊后的《新莱茵报》更受关注和欢迎了。

巴黎六月起义的失败是整个欧洲民主革命发展过程中的重大转折,在发生革命的国家里,革命与反革命的力量对比迅速发生了变化,反动势力开始重新集结起来。各国民主革命力量尤其是无产阶级遭受疯狂反扑,革命形势变得越发艰巨。在德国,三月革命后争取到的一点出版、集会和结社的自由再次受到严格的限制,城市四处开始戒严。科隆当地的法庭从7月开始不断传唤《新莱茵报》的编辑,编辑部也被三天两头地搜查,马克思几乎成了法庭传讯的常客,当局费尽心思去搜找《新莱茵报》的"罪证"。

1848年11月20日,科隆检察院控告马克思等人"煽动叛乱",控告《新莱茵报》"侮辱政府",科隆陪审法庭于1849年2月7日、8日接连开庭审理马克思、恩格斯等人。马克思和恩格斯以敌人的法庭为战场,以精彩的演讲代替辩护,以有理有据的分析传播了科学共产主义理论。

正如恩格斯回忆这段受审经历时所说的,马克思在法庭的演说是无产阶级革命家的典范,马克思不卑不亢地说道:

"旧法律是从这些旧社会关系中产生出来的,它们也必然同旧社会关系一起消亡。它们不可避免地要随着生活条件的变化而变化。不顾社会发展的新的需要而保存旧法律,实质上不是别的,只是用冠冕堂皇的词句作掩护，维护那些与时代不相适应的私人利益，反对成熟了的共同利益。这种保存法制基础的做法，其目的在于使那些现在已经不占统治地位的私人利益成为占统治地位的利益；其目的在于强迫社会接受那些已被这一社会的生活条件、获取生活资料的方式、交换以及物质生产本身宣判无效的法律；其目的在于使那些专门维护私人利益的立法者继续掌握政权；其结果会导致滥用国家权力去强迫大多数人的利益服从少数人的利益。因此，这种做法时刻与现存的需要发生矛盾，它阻碍交换和工业的发展，它准备着以政治革命方式表现出来的社会危机。……不能再抬出这两条法律来反对我们。这些法律本身解决不了任何问题，因为它们是联合议会随意捏造出来的。国民议会所通过的拒绝纳税的决议，无论形式上和事实上都具有法律效力。我们在呼吁书中比国民议会跑得更远。这是我们的权利和我们的义务。最后，我再说一遍，只是戏剧的第一幕结束了。两个社会——中世纪社会和资产阶级社会——之间的斗争将以政治形式继续进行。只要议会重新召开，同样的冲突又将重新发生。……可是，不管新的国民议会选择什么样的新的道路，必然的结果只能是不是反革命的完全胜利，就是新的胜利的革命！也许，革命的胜利只有在反革命完成之后才有可能。"

马克思和恩格斯受审是当时科隆的大事件，众多关心他们的群众将法庭门口围得水泄不通。两人在法庭上有力辩驳，让法官和陪审员理屈词穷，只好宣布他们无罪释放。全场群众听到这个决定一阵欢呼和鼓掌，祝贺马克思和恩格斯的胜利。

《新莱茵报》的影响力随着两次受审进一步扩大，反动当局要用审判来压制《新莱茵报》革命火焰的计划反而偷鸡不成蚀把米，眼看着对此无计可施了，普鲁士内务大臣建议将马克思驱逐出科隆，莱茵省总督太欢迎这个提议了，但是他们畏惧马克思在科隆的影响力，担心签下驱逐令的自己声名扫地，于是他就索性再等等，等到天降契机再把马克思驱逐出科隆，再驱逐出普鲁士，最好驱逐出地球去。

这些人绞尽脑汁在创造契机，他们找到了——马克思已经在此前因被政府迫害而放弃了普鲁士国籍，这样他们就可以以马克思不是普鲁士公民为借口驱逐他了。1849年春天，莱茵省各地爆发武装起义，恩格斯还参与其中，但很快各地的武装起义被反动势力剿灭，莱茵省总督艾希曼马上抓住这个时间发出来驱逐马克思的命令，恩格斯由于参加了爱北斐特的起义，也被下了逮捕令而不得不躲藏起来。警察局又开始逮捕《新莱茵报》其他的编辑，这样的情况下，《新莱茵报》没法继续维持了。1849年5月19日，《新莱茵报》出了最后一期，全篇用红色的油墨印刷，发行了几千份。

马克思以编辑部的名义发表了《致科隆工人》的告别信："我们不得不交出自己的堡垒，但我们退却时携带着自己的枪支和行装，奏着军乐，高举着印成红色的最后一号报纸的飘扬旗帜，我们在这号报纸上警告科伦工人不要举行毫无希望的起义，并且对他们说：'新莱茵报'的编辑们在向你们告别的时候，对你们给予他们的同情表示感谢。无论何时何地，他们的最后一句话始终将是：工人阶级的解放！"

《新莱茵报》不到一年的时间共发行了301期和一些号外，作为德国无产阶级第一份独立的日报而被永久载入史册。恩格斯对此评价道："没有一家德国报纸——无论是在以前或以后——像《新莱茵报》这样有威力和有影响，这样善于鼓舞无产阶级群众。而这一点首先归功于马克思。"

革命炮火的洗礼

如果说《新莱茵报》被迫停刊是马克思和恩格斯的一次光荣退却，那

1848年6月1日《新莱茵报》创刊号

用红色油墨印刷的《新莱茵报》终刊号

么他们紧接着奔赴正在激战中的德国西南部,则是一次勇敢的进攻。

在巴登和普法尔茨,人民群众在小资产阶级民主派的领导下举行了武装起义,军队也站在起义者的一方,起义成功推翻了旧政府,成立了临时政府,要求普鲁士政府承认帝国宪法。在当时的条件下,无产阶级还没有发展到独立领导革命的程度,只能依靠资产阶级担当领导革命的任务。如果有坚强的领导,起义极有可能超出维护帝国宪法的范围,向建立统一的不可分割的德意志共和国这一目标胜利进军。然而这种期望能否变成现实,首先得看法兰克福国民议会的态度。

于是马克思、恩格斯先去了法兰克福,5月20日和21日,他们先与德国国民议会中的资产阶级民主派议员进行了会谈,他们分析指出,国民议会在目前的局势下,要捍卫革命和自己的政治前途,出路只有一条:把巴登和普法尔茨的革命军队召集到法兰克福来保卫国民议会,而国民议会应明确宣布支持各地的武装起义并站在起义的前沿。然而,会谈结果令人大失所望,这些资产阶级议员连想都不敢想,就更不能指望他们去行动了。两人在失望中离开了法兰克福,来到了巴登首府卡尔斯鲁厄。途中,他们注意到普鲁士最高军事当局已在黑森集结了一个军团准备镇压起义,但驻扎在曼海姆和路德维希沙芬的起义军队却按兵不动,消极等待敌人的进攻。马克思和恩格斯在巴登和普法尔茨两个起义中心都与临时政府的首脑会谈过,且提出了有效的革命策略,但都没有被临时政府采纳。

马克思根据欧洲局势的发展,判断法国将会发生决定性的革命大事,为了使德国革命者与法国的民主主义者及时取得联系,他作为代表前往巴黎。在去巴黎之前,他需要先去宾根与燕妮汇合,因为燕妮早已经带着孩子在那里等他了。恩格斯陪着马克思去宾根的途中,两人因被怀疑参与武装暴动而被黑森兵士逮捕,他们先是被押解到达姆斯塔特,然后被转运到法兰克福,革命民主主义者全力营救才让两人免予被起诉。马克思获得释放后前往巴黎，同准备发动一次新起义的法国革命者建立联系。恩格斯继续留在德国，与马克思分别后，以政治流亡者的身份加入了普法尔茨起义部队。

7月的时候，马克思一家抵达巴黎，但住了不到一个月再次收到了驱逐令。这次，马克思决定去伦敦。由此，开始了他又一次的流亡生活。但不同的是，这次的流亡地成为他后半生的唯一居所，也塑造了举世闻名的马克思。在英国这个资本主义最典型的地方，马克思将不惑之年的所有精力都投入对资本主义的批判研究，给我们留下了永久的思想宝藏——《资本论》。那时候的他虽已不再年轻、远离故乡，但17岁的初心从未褪色。

这便是一个"千年思想家"的成长历程与青年时代！

结语　永远年轻的马克思

生命不息，战斗不止。当革命的洪流落下帷幕时，马克思的战斗没有停止。他再次退回了书斋，转换战场，以笔为剑、以墨为锋、以字为刃，在伦敦这个资本主义最典型的地方，倾尽后半生全部心力描绘了资本的一生，深刻地解剖了资本主义的"骨骼"与"血肉"，留下了鸿篇巨制——《资本论》。在《资本论》第一卷即将出版前，1867年4月27日恩格斯给马克思写了一封信，说了一些长久以来他想说而没有说的话："我一直认为，使你长期来呕尽心血的这本该死的书，是你的一切不幸的主要根源，如果不把这个担子抛掉，你就永远不会而且也不能脱出困境。这个一辈子也搞不完的东西，使你在身体、精神和经济方面都被压得喘不过气起来，我非常清楚地了解，现在，你摆脱这个梦魇后，会感到自己像换了一个人一样，……这种彻底的转变使我高兴得不得了，第一，是为了这件事情本身，第二，特别是为了你和你的夫人，第三，因为现在的确是使这一切都得到改善的时候了。"为何恩格斯要如此"恶毒"地形容《资本论》是"该死的书"呢？

相较于前半生的颠沛流离，1849年8月下旬来到伦敦的马克思虽然停下了漂泊的脚步，但他革命的脚步却没有停止。重操旧业，做过媒体人的工作，针砭时事，也为了生计；勇担使命，与错误思想斗争，指导了第一国际的创立。

不过，要问马克思"你的后半生时间都去哪儿？"答案一定是:《资本论》的创作。

《资本论》耗尽了马克思的半世心力。为了创作《资本论》，穷困潦倒不说，马克思还疾病缠身，累及家人，痛失爱子。这就是为什么恩格斯在信中"吐槽"《资本论》是"该死的书"，是马克思"一切不幸的主要根源"。然而，就是这本让马克思及家人"不幸"的书，却造福了亿万民众。

《资本论》刚出版时遭到了资产阶级媒体的冷眼相待,它们试图以"集体沉默"抹杀它的存在。深知此种手段的马克思、恩格斯及家人立刻行动起来了,要将《资本论》送上"热搜",像一枚炸弹一样在资产阶级头顶炸响。燕妮和马克思本人亲自推销,写信给德国、瑞士、美国等多个国家的好友,告诉他们《资本论》出版的好消息,希望他们购买,能点个"赞"更好;马克思的二女儿劳拉和女婿拉法格将《资本论》的序言翻译成法语,在法语报纸刊登;恩格斯以一己之力在一年之内写了9篇书评和1篇阅读提纲,有德文,有英文,甚至还四处托好友"批判"马克思,以制造话题、博得眼球,打破"沉默",充分展现了什么叫"绝世好友"。这种"沉默"的封杀只是暂时的,《资本论》作为"工人阶级的圣经","火"起来是迟早的事。果不其然,经济学家冷眼相待之后,迎来了工人们的争相传阅,一个半世纪后的今天《资本论》仍然热销,尤其是资本主义危机来临之时,人们总是不断返回它、求助它。"狂沙吹尽始现金",2013年联合国教科文组织将《资本论》第一卷列入《世界记忆名录》,认定该著作属于"人类的记忆"。

马克思在《资本论》中揭穿了资本的秘密,掀开了它的神秘面纱,为资本主义做了一次全面"诊断",并下了一张"病危书"。

什么是资本?马克思并没有一开始就揭示谜底,告诉我们什么是资本,而是先从资本的前身商品开始,分析商品的二重性和劳动的二重性。在这基础上接着谈论货币的本质,分析了价值形式的历史发展和货币的产生与职能。至此,马克思才进入到资本的分析。货币要化为资本,需要找到一个"魔法石",就是劳动力商品,因为这种商品有一种其他任何商品都不具有的特性——能够创造大于自身价值的价值,即剩余价值。这就是"资本"秘密的关键所在。除此之外,马克思还告诉我们货币与劳动力的相遇化身为资本不是偶然，是历史发展到一定阶段的产物。

讲到这儿，世人都知道马克思对"资本"的批判——"资本是带血的"，然而马克思不是简单地从道德上反对或否定其作用。认识马克思，读《资本论》一定要有科学的资本观。马克思既肯定了资本的天使一面，它极大地促进了生产力的发展，但也揭示了其魔鬼的一面，资本获得了主体性的地位，所有事物都臣服于它，受它逻辑的支配。资本的本性是榨取剩余劳动实现价值增殖，而要不断增殖，就要不断运动，扩张亦是资本的本性。哪里能够实现价值增殖，它就会出现在哪里。资本运动是无休止的。无止境的自我增殖、自我扩张成了资本的根本目的和动力。正是这种剥削、扩张、掠夺的本性，导致社会既实现了快速发展，但同时也陷入了一种片面性的发展之中。生产力在资本的驱动下不断要求提高生产的社会化，可是生产关系仍还是资本主义私有制。当这种生产关系再也不能容纳生产力发展的时候，资本主义的"丧钟"就要敲响了！

正如毛泽东读史所言"一篇读罢头飞雪，但记得斑斑点点"，读《资本论》亦是如此！要搞懂《资本论》不是简单地读完上面几句话就可以弄懂了（当然，上面几句话也不可能概括完全），要知道这可是把马克思都快搞疯的"该死的书"。要真正搞清楚《资本论》，不用尽"洪荒之力"是无法领略其伟大的，有些人或许用尽了也搞不明白，因为马克思说过读这本书要用"抽象力"，而不是"显微镜"和"化学试剂"方法。讲这么一段《资本论》的梗概，只是想告诉大家，靠着马克思这份"诊断书"，我们真正读懂了什么是资本，不仅读懂了资本主义的前世今身，还看到了资本主义的未来——必然灭亡。

也许有人会说，马克思对资本主义"误诊"了。不是说资本主义必然灭亡吗？但你看，资本主义不仅没有灭亡，反而还像吃了不老仙丹一样，依旧保持着活力,在经济、科技等领域有着强势地位,即便经历了多次危机。难道真的是马克思错了吗?当然不是!资本主义变化的只是容颜,本性并未改。资本主义私人占有和生产社会化的矛盾依旧存在,且无法克服。这将一次又一次引发其内在危机。危机只要没有达到顶点,资本主义就不会灭亡。一个多世纪以来,云谲波诡,沧桑变化。岁月改变了资本主义的容颜,它从一百多年前的自由资本主义阶段已经发展到了今天国际金融资本垄断阶段。它通过不断调整生产关系以容纳不断发展的生产力,来保持自身生命力。

资本主义能够实现不断"续命",马克思功不可没。19世纪的世界资本主义方兴未艾,除了英法两国已经踏上资本主义的大道外,其余国家如德国、美国还未迎来政治解放,可是,马克思此时就发出了"资本主义的太阳必然陨落,共产主义的太阳将要升起"的时代宣言。这一宣言就像悬在资本主义头上的一把"达摩克利斯之剑"一样时刻提醒着资产阶级。他们通过发展股份公司、形成垄断同盟、拓展全球市场、吸收工人参与企业管理、让职工持股、建立社会福利制度、发展民主选举制度等方式调整生产关系,缓和阶级矛盾,不仅没有发生大崩溃,还实现了延年益寿。所以,法国思想家科耶夫讲:"马克思之所以预言错了,恰恰是因为他的理论对了。"2008年金融危机爆发,《资本论》再次实现"王者归来"。人们又一次发现今天资本主义的新变化不是"证伪了"马克思主义,相反是再一次"证实了"马克思主义。对此,最早拒领诺贝尔文学奖的萨特曾如此评价道:马克思主义是不可超越的。只要资本主义的地平线未被超越,那么马克思主义就不会过时。

读罢"千年思想家"马克思的青少年时代,再结合马克思的一生和两个世纪以来马克思命运的浮沉,有个值得特别思考的问题:究竟什么是青春？什么是伟大？

　　青春是什么？青春不止是一种身体状态，更是一种生命状态。退回书斋，闭关创作《资本论》的马克思从年纪上看虽已青春不再，但从精神上看却依旧年轻。因为他可以毫无保留、义无反顾地投入全部，只为了"心中的那片海"——"为人类而工作"这一17岁便许下的初心。马克思为了它牺牲了一切，他后悔吗？我想是不后悔的。马克思说："我为了为工人争得每日8小时的工作时间，我自己就得工作16小时。"人的一生会经历两次死亡，一次是生理上的死亡，一次是被人遗忘。1883年3月14日，马克思经历了第一次死亡，但是他从未离场，他依旧"风华正茂"，因为我们都是他的事业的受益者和继承人！

　　英国著名历史学家霍布斯鲍姆曾如此描绘马克思对后世的影响："如果说有一位思想家在20世纪留下了不可磨灭的痕迹，那么他就是马克思。19世纪的卡尔·马克思和赫伯特·斯宾塞都葬在海格特墓地。走进海格特墓地，令人非常惊讶的是两人的坟墓都在彼此的视线内。在两人都在世的时候，斯宾塞是公认的19世纪的亚里士多德，而马克思则是一位依靠朋友资助而生活在汉普斯德低坡的穷人。今天，无人知道斯宾塞也葬在那里，但是来自日本和印度的年老朝圣者络绎不绝地瞻仰马克思的坟墓，流亡的伊朗和伊拉克共产党人坚持葬在他的坟墓旁边。"

　　马克思青年时立志说，"面对我们的骨灰，高尚的人们将洒下热泪"。他做到了，他成功了！还记得序言中的马克思"自白书"吗？他对自己特点的评价是目标始终如一。马克思的一生可以说复杂，但也可以说简单。一个人，一辈子，就干一件事，那就是跟资本"死磕"，不论前路多崎岖、多艰险。他的"死磕"为的不是个人的"钱途"光明，而是为了人类解放，这是他17岁的誓言，也是他一生的"执念"。靠着对执念的执着，马克思谱写了伟大。所以，伟大是什么？马克思伟大的根本就在于他选择了伟大，并矢志不渝。

"志向让人伟大，奋斗让人年轻"——这就是马克思用青春的奋斗告诉我们的成功秘诀。有人也许会问：芸芸众生，大多皆凡人一枚，并不像马克思那样才华逆天，也没有智商爆表，但是不是我们就此注定与伟大绝缘？绝非如此。"伟大出自平凡，英雄来自人民。"将小我融入大我之中，砥砺前行，久久为功，每个人都可以掌握伟大与平凡的辩证法，将平凡汇聚成伟大。

恩格斯与马克思及他的三个女儿（燕妮、爱琳娜、劳拉）

图书在版编目（CIP）数据

伟人的青年时代. 马克思 / 张新主编；王静，刘娜娜著. -- 北京：中国青年出版社，2025.1. -- ISBN 978-7-5153-7495-6

I. K811-49

中国国家版本馆 CIP 数据核字第 20243BN379 号

责任编辑：彭岩
出版发行：中国青年出版社
社　　址：北京市东城区东四十二条 21 号
网　　址：www.cyp.com.cn
编辑中心：010-57350407
营销中心：010-57350370
经　　销：新华书店
印　　刷：三河市君旺印务有限公司
规　　格：660mm×970mm　1/16
印　　张：12
字　　数：147 千字
版　　次：2025 年 1 月北京第 1 版
印　　次：2025 年 1 月河北第 1 次印刷
定　　价：58.00 元

如有印装质量问题，请凭购书发票与质检部联系调换
联系电话：010-57350337